絶対！恥をかかない
敬語の使い方

使っていませんか？
とんでもない敬語を！

本郷陽二
監修

JN265078

日文新書

はじめに

よく「あの人は感じがいい」といわれる人がいます。観察してみると、そのポイントのひとつが話し方で、感じがいい人は「敬語」の使い方も上手なようです。

たしかに、敬語を上手に使うと、相手への気配りを感じさせ、また自分の立場をわきまえた話し方ができます。逆に、上手に使えないと、かなり失礼な言い方になったり、偉そうな話し方になってしまいます。

つまり、私たちの生活では、敬語が正しく使えるかどうかで、その人の人格ばかりか、能力まで評価されてしまうともいえるのです。

しかし、敬語について勉強するチャンスは意外に少ないものです。私たちがなんとなく敬語を使えるようになるのは、周囲の人を見習って、「なるほど、こういう場合にはこんな言葉遣いをするといいらしい」と、徐々に覚えていくのが普通のようですね。

ただ、もし周囲の人が間違った敬語を使っていたとすると、そのまま間違い敬語が身についてしまうことも多いのです。

「○○さんのお宅でいらっしゃいますか」

「ご拝聴いただきありがとうございました」

「部長様をお願いできますでしょうか」

このような表現は、日常生活のシーンでときどき耳にする間違い敬語です。

敬意の対象を間違えた敬語や、尊敬語と謙譲語が混乱した使い方、また「二重敬語」や「過剰敬語」といわれる丁寧すぎる表現など、実際に接客のプロと呼ばれるような人でも間違うことがよくあります。

前作の『頭がいい人の敬語の使い方』は多数の方の支持をいただき、ベストセラーになりました。この本は、前作の内容よりさらに踏み込んで、さまざまなシーン別に適切な敬語の使い方を説明することにします。

この本を読めば、ただマニュアル的に敬語を使うのではなく、とっさに、その場その場に応じた、気配りのある敬語を使えるようになるでしょう。この本をあなたの敬語力の向上に大いに役立ててください。

本郷陽二

絶対！恥をかかない敬語の使い方／目次

第二章　デキる人の正しい敬語

第三章　心のこもった言葉と敬語

第四章　手紙やメールの敬語でわかる品格

本文イラスト　アートワーク
編集協力　幸運社

第一章

恥をかかない日常の敬語

「○○さんのお宅でいらっしゃいますか?」はヘンです

目上の人と話すときは、誰でも丁寧な言葉遣いを心がけますね。とくに尊敬する相手なら「きちんとした敬語で話そう」と考える人が多いはずです。しかし、丁寧な言葉遣いを意識するあまり、「へんな敬語を使ってかえって恥をかいてしまった」という経験のある人はいないでしょうか。

たとえば、恩師の家に招かれて「私が丹精こめて育てたものなんだ」と盆栽を見せてもらったとします。このときに、

「見事な盆栽でいらっしゃいますね」

などと言ったりしていませんか。

敬語を使う場合に気をつけなくてはいけないのが、敬意の対象は誰になっているかということです。「見事な盆栽でいらっしゃいますね」は、「いらっしゃいます」の部分が尊敬語ですが、これでは敬意の対象が「盆栽」になっています。どんなに立派な盆栽だとしても、物には敬語を使う必要はありません。

見事な盆栽でいらっしゃいますね
イヤァ ソレホドデモ……

物には敬語を使う必要はない

CHECK POINT!

× 「見事な盆栽でいらっしゃいますね」

⇓

○ 「見事な盆栽ですね」

○ 「見事な盆栽をお育てになりましたね」

○ 「見事な盆栽を作られましたね」

この場合は、

「見事な盆栽ですね」

と言えばいいのです。また、別の言い方で、

「見事な盆栽をお育てになりましたね」

「見事な盆栽を作られましたね」

のようになります。

「お育てになりましたね」も「作られましたね」も「いらっしゃいますね」と同様に尊敬語ですが、敬意の対象が恩師なので問題なく使えます。

また、これとよく似た間違いに、

「もしもし、○○さんのお宅でいらっしゃいますか?」

という言い回しがあります。電話をかけるときこのように言う人もいますが、お宅（家を）は人間ではなく物ですから、敬語は使いません。

「○○さんのお宅でしょうか?」「もしもし、○○様でいらっしゃいますか?」

が正しいのです。

敬語を使う際は「誰に向かって敬意を表しているのか」を意識しましょう。

目上の人に「お教えいたします」はダメ

「悪いんだけど、プリンタのインク交換の仕方を教えてもらえるかな?」

と上司から言われたとします。さて、あなたはどのように答えますか。

「はい、ではお教えいたします」

「はい、お教えいたしましょう」

このように答えたりしていませんか。相手が「教えてもらえるかな?」と言っているので、「お教えいたします」「お教えいたしましょう」のように答えがちですが、この言い回しは目上の人に使うべきではありません。

文法で考えると「お教えいたします」の「お+~いたします（いたしましょう）」の敬語表現は間違っているわけではありません。


「詳細については後日お知らせいたします」

「お済みの食器がございましたら、お下げいたします」

「お客様、荷物をお持ちいたしましょう」

などは「お教えいたします（いたしましょう）」と同様に「お＋いたします（いたしましょう）」の形の謙譲語ですが、何の問題もなく使えます。

しかし、「お教えいたします」や「お教えいたしましょう」が好ましくないのは、「教える」という行為に「指導する」「わからせる」「身につけさせる」といったニュアンスが含まれているからなのです。そのため、尊大な印象を与えやすいので、文法的には間違っていなくても、目上の人に使うのは好ましくありません。

「お教え申し上げます」

という言い方も丁寧に聞こえますが、あまり好印象は期待できません。

こんな場合は「教える」という言葉を「案内する」に置き換え、

「はい、ご案内いたします」

と言うのがいいでしょう。また、ワンランク上を目指すなら、

「私でよろしければご案内いたします」

「かしこまりました。それではご案内いたします」

などの方がへりくだった印象があります。

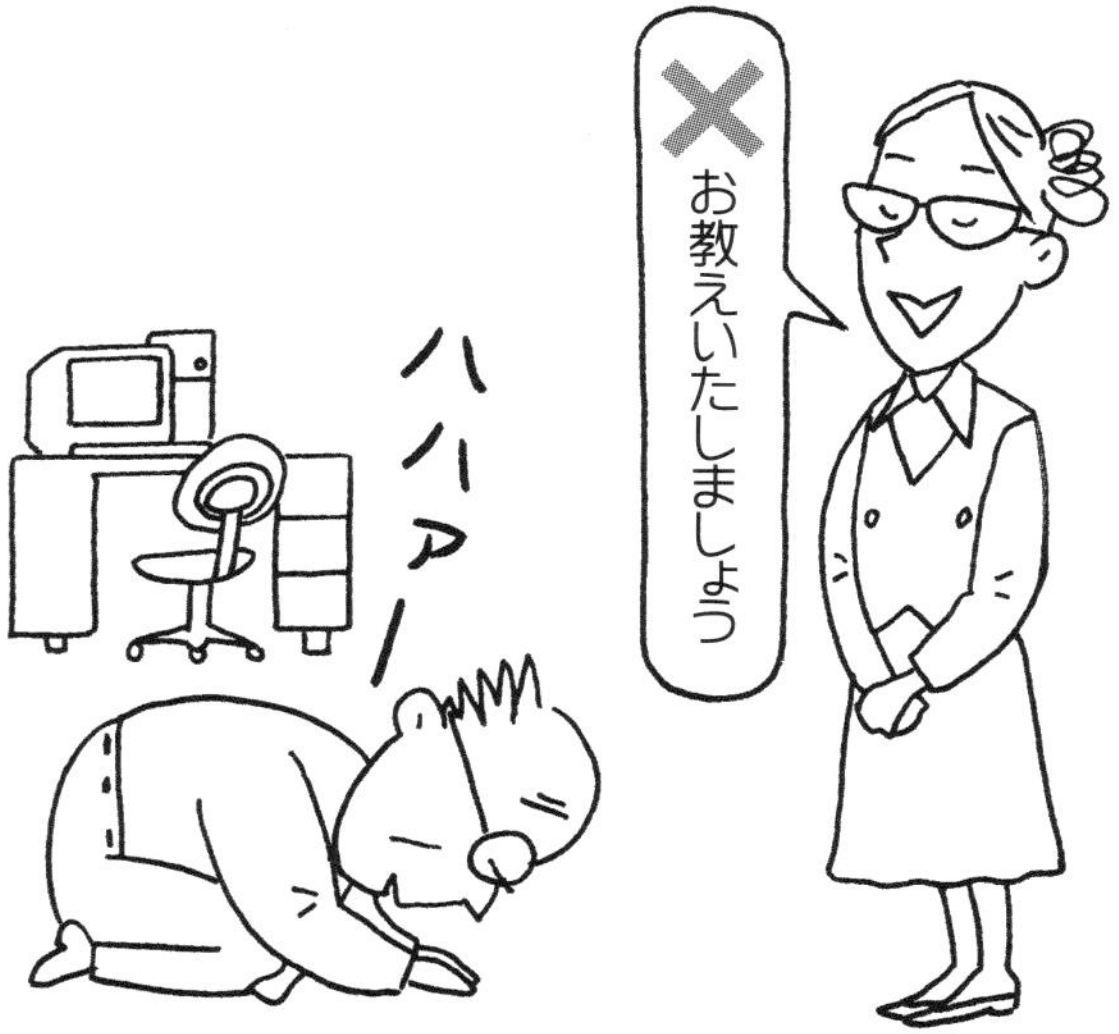
お教えいたしましょう
ハハァー

尊大な印象を与える敬語はNG

CHECK POINT!

✕「お教えいたします」

✕「お教えいたしましょう」

✕「お教え申し上げます」

⇓

○「はい、ご案内いたします」

「お求めやすい価格」の違和感

物販店のバーゲン会場などで店員さんが、

「本日は冷凍食品が大変お求めやすくなっております」

などと案内しているケースがあります。また、スーパーのチラシの宣伝文句でも、

「当店ではお求めやすい価格の商品を多数取り揃えております」

このように書かれていることがあるのですが、この言い回し、よくよく考えてみると違和感がありませんか。

それもそのはず、「お求めやすい」は間違いなのです。では、なぜ間違いなのか、次の三つの例で考えてみましょう。

「こちらのバッグはお持ちやすいデザインです」
「こちらのバッグはお持ちになりやすいデザインです」
「こちらのバッグはお持ちいただきやすいデザインです」

どの言い方に違和感があるかといえば、多くの人が「お持ちやすい」を選ぶでしょう。

あることが簡単にできる、という意味の「動詞＋〜やすい」という言い方は、

「入りやすい感じの店」

「軽い素材で作られた履きやすい靴」

「平坦で歩きやすい道」

などのように使うことはできますが、単純に動詞に「お」をつけて敬語として使うのは間違いです。

　これらの言葉を尊敬表現に直すなら、

「お入りになりやすい」「お履きになりやすい」「お歩きになりやすい」

とはしなければなりません。

「買う」の婉曲表現である「求める」も同じで、「お求めやすい」ではなく**「お求めになりやすい」**とか**「お求めいただきやすい」**が正しい敬語です。

　間違い敬語を見極める簡単な方法は、別の言葉に置き換えてみること。また、何度も口に出してみるという方法も効果的なので、試してみましょう。

「大丈夫ですか？」の正しい使い方は？

最近、よく耳にする言葉遣いに「大丈夫ですか？」というものがあります。特に接客の仕事に従事する若い人たちが、

「コーヒーのおかわりは、大丈夫ですか？」
「この商品には接続ケーブルが入っていませんけれど、大丈夫ですか？」

というように使っていますね。しかし、「大丈夫」の使い方が正しくないとお気づきですか。

「大丈夫」とは、「心配や危険がない様子。まちがいのないさま」、または「非常に丈夫であること。きわめてしっかりしている様子」という意味で、

「彼女一人に仕事をまかせても大丈夫ですか？」
「骨折したと聞きましたが、松葉杖がなくても大丈夫なのですか？」

などと使うのが本来の形です。ですから、

「こちらのセーターはLサイズですが、大丈夫ですか？」

言葉の持つ本来の意味を無視しない

×「Lサイズですが、大丈夫ですか?」

⇓

◯「Lサイズですが、
よろしゅうございますか?」

「こちらは禁煙席ですが、大丈夫ですか?」

という言い方は間違いです。正しく言い直すなら、

「こちらのシャツはLサイズですが、よろしゅうございますか?」

「こちらは禁煙席ですが、よろしいでしょうか?」

になります。

また、「コーヒーのお代わりは大丈夫ですか?」は**「コーヒーのお代わりはいかがでしょうか?」**と言うべきでしょう。

「大丈夫ですか?」という言葉の中には、相手を気遣う優しい気持ちが含まれているので違和感なく使ってしまうのかもしれませんが、言葉の持つ本来の意味を無視してはいけません。

商品をカードで会計する場合に「一括払いで大丈夫ですか?」と聞かれ「これくらい一括で払えるよ!」と怒ったお客様がいるといいます。たしかにこの聞き方では、「あなたに一括で支払う能力があるのですか?」と疑われているようにもとれます。十分に注意しなくてはいけませんね。

「あちらが会議室になります」では間違いです

「お待たせしました、焼肉定食です」

「お待たせしました、焼肉定食でございます」

「お待たせしました、焼肉定食になります」

レストランなどで商品が出されるときに耳にするフレーズですが、この中に一つ、間違い敬語が入っているのがわかりますか。

「焼肉定食です」は、やや素っ気ない感じがするかもしれませんが、語尾に「です」という丁寧語が使われているので間違いではありません。二番目の「焼肉定食でございます」は「です」をより丁寧な表現にしたものなので、こちらもＯＫ。間違いは三番目の**「焼肉定食になります」**です。

「あちらが会議室になります」

「こちらが資料になります」

このように、「〜になります」という言い方はビジネスシーンでもよく使われています。

そのため、間違いといわれて驚いた人もいるのではないでしょうか。「~になる」は本来、ある物やある事柄が別のものに変化するとき、たとえば「雪が溶けて春になる」や「立派な社会人になる」のように使われるものです。

日ごろは休憩所として使われていた部屋が、必要に応じて会議室になるのであれば、「こちらが会議室になります」は間違いではありませんが、もともと会議室として使われているところを「会議室になります」というのはおかしいのです。

注文した品も同じことで、食べ進めるうちに次第に焼肉定食に変化していくわけではなく、出された時点で焼肉定食なのですから、よく考えてみると「~になる」という言い方がおかしいとわかりますね。

では、どうしてこんな言い回しが生まれたのでしょうか。一般的には、「○○です」だけでは敬意が物足りないし、「○○でございます」では丁寧すぎる印象がある結果、「~になる」という表現が生まれたのではないかとされています。

「~になります」でも意味が通じない訳ではありませんが、耳障りに感じる人もいることを忘れずにいたいですね。

「致されました」は尊敬語？　謙譲語？

誰がどんな仕事をしているかを周囲の人たちが理解している、情報として持っているというような風通しのいい職場は理想的です。しかし、一人の人間が一つだけの仕事をしているわけではないので、時として「これはいったい誰がやった仕事なんだろう？」とわからなくなることがありますね。

たとえば部長から、「この戸棚の整理は、誰がやったのかな？」と聞かれたとします。整理したのが自分の後輩にあたる鈴木君だったとすれば、どんなふうに答えるのが適切でしょうか。

「はい、鈴木君がやりました」

これは一般的によく聞く答え方です。しかし、敬語の使い方が適切ではありません。間違っているのは「鈴木君」という部分。なぜなら、後輩である鈴木君は部長から見ても下位者になるため、へりくだった表現をしなくてはならないからです。この場合は「鈴木が～」のように名前を呼び捨てにし、

「はい、鈴木が致しました」

が正しい形になります。

「君」は「さん」に比べて敬意が低いので、つい使ってしまいがちです。でも「君」も「さん」も敬称には変わりないのです。まれに、

「はい、鈴木さんがなさいました」

このように、後輩に尊敬語を使ってしまう人がいますが、上司に部下の話をするなら、必ずへりくだった表現にします。

では、戸棚の整理をしたのが上司の課長の場合、どう答えるべきでしょうか。

「はい、課長が致されました」

と答える人が意外に多いのですが、これも間違い敬語です。なぜなら、「致す」は「する」の謙譲語。いくら尊敬語のパーツである「〜される」をつけたとしても、尊敬語にはなりません。

この場合は、「する」の尊敬語「なさる」を使い、**「はい、課長がなさいました」**と答えるのがいいでしょう。

「頑張らせていただきます」は正しい？

新入社員の挨拶は、自己紹介の後に「精一杯やりますので、よろしくお願いします」といった内容で締めくくることが多いですね。自分に何ができるかわからないけれど、とにかくがむしゃらに頑張りたいという意気込みが感じられ、フレッシュマンならではの初々しさに好感が持てます。しかし、たまに落ち着き払った様子で、

「諸先輩方にはご指導とご鞭撻を賜りたく、お願い申し上げます。これをもちまして配属の挨拶とさせていただきます」

と、まるでビジネス文書の挨拶文のような話し方をする新人がいます。敬語の使い方は間違ってはいませんが、マニュアル本の文例をそのまま口にしたような挨拶は、かえって慇懃無礼な印象を与えかねません。敬語では正しい文法も大切ですが、同時に「相手に対して敬意を払う」という心、すなわち「相手に不快感を与えない」ということも大切なポイントです。やたらに敬語を使うのではなく、自分の立場に合った言葉を選ぶことも大切でしょう。

では、あなたが新人として配属の挨拶をするとしたら、次のどの言い方を選びますか。

「精一杯頑張りますので、よろしくお願いします」

「一生懸命頑張ろうと思いますので、よろしくお願いします」

「力の限り頑張らせていただきますので、どうぞよろしくお願いします」

どの挨拶も新人らしさが感じられますが、正しいのは一番目です。

二番目の例文の間違いは「頑張ろうと思います」という部分。「頑張る」は「物事を成し遂げようと、困難に耐えて努力する」という強い意志の表現なのに、それに「思います」をつけてしまうと、効果が半減してしまいます。この場合はそのまま**「一生懸命頑張ります」**と言い切ってしまったほうが潔いでしょう。

三番目の間違いは**「頑張らせていただきます」**という言葉です。「頑張る」は自分自身の行為であり、誰に許可を得る必要もないので、「～させていただく」とへりくだる必要はありません。

新入社員でなくても、大きな仕事を任されたときなど、「精一杯頑張ります」と挨拶をすることがあります。**キャリアを積んだ人間が「頑張らせていただく所存でございます」などと言っては赤恥をかきます。**

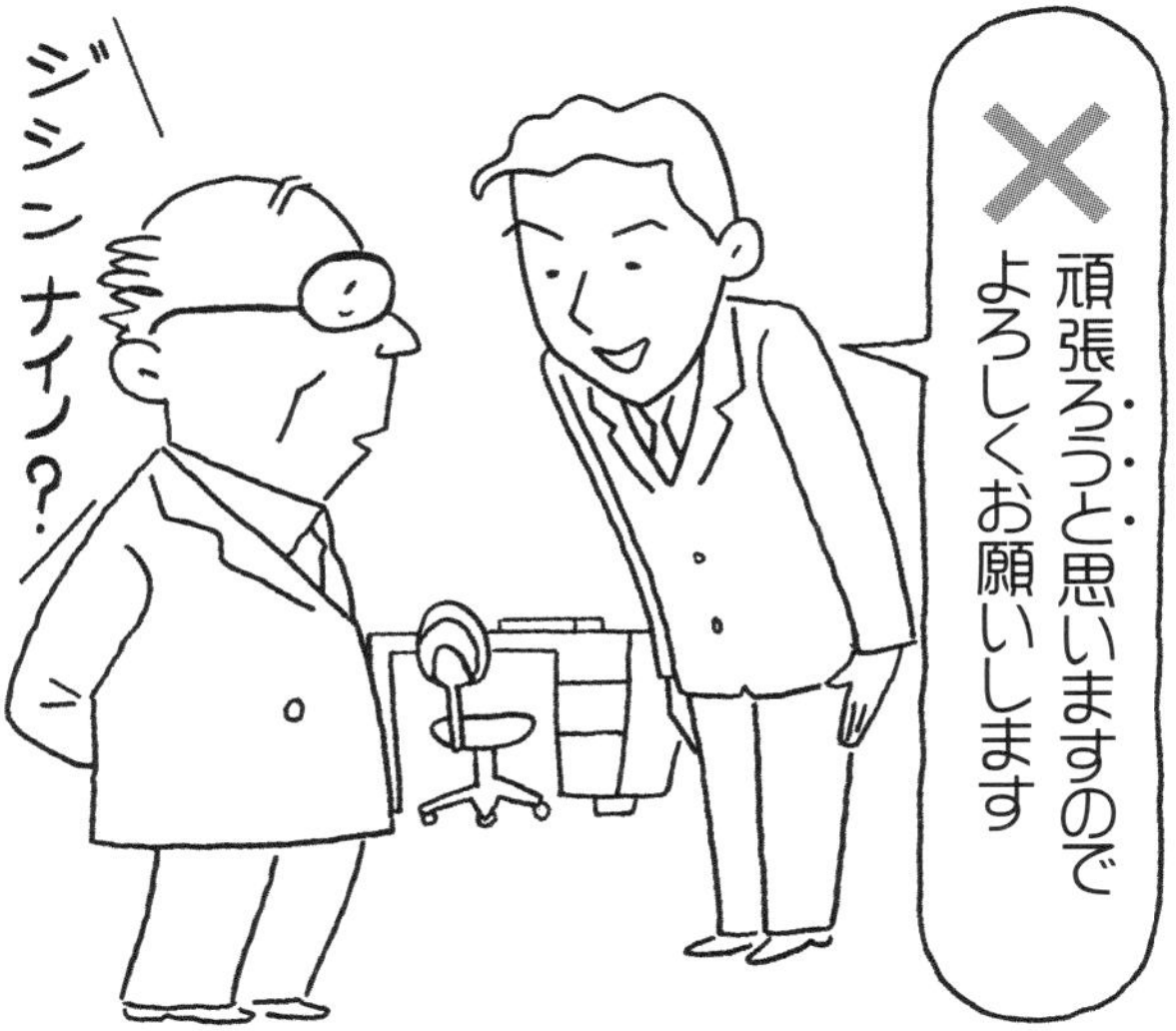

配属先での正しい挨拶

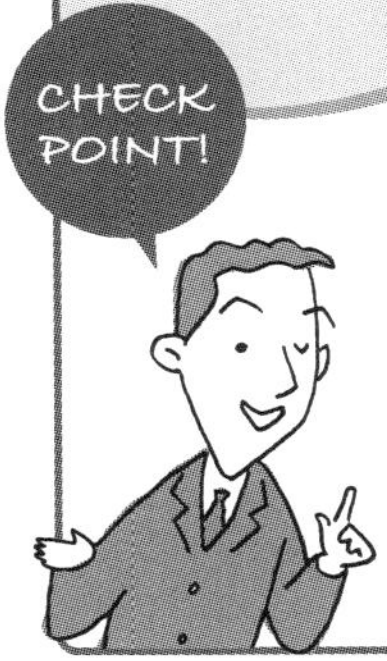

× 「頑張ろうと思います」

× 「頑張らせていただきます」

⇓

○ 「頑張ります」

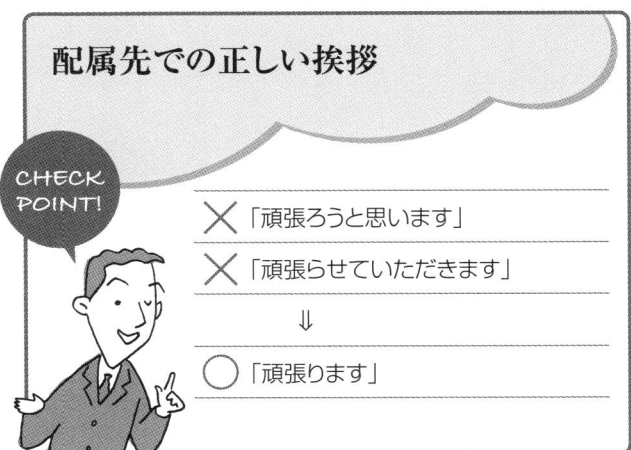

「読ませていただく」「読まさせていただく」どっちが正しい？

謙譲語の仲間に「～させてもらう」「～させていただく」という言い方があります。これは「相手の許しを得てある事をさせてもらう」という意味があり、

「その件に関しては少し考えさせてもらいたいのですが…」

「喜んで参加させていただきます」

のように使われます。謙譲語の中でも高い敬意と謙虚な姿勢を表すことができるので、広く使われている言い回しです。

では、上司から「この資料に目を通しておいてくれ」と言われ、了承を伝える場合、次のどちらの言い方が正しいでしょうか。

「はい、読ませていただきます」

「はい、読まさせていただきます」

普段は何気なく使っていても、いざ並べて比べると、「あれ、どっちが正しいのかな？」と戸惑いませんか。

「さ入れ言葉」にご用心

×「読まさせていただきます」

×「休まさせていただきます」

⇓

○「読ませていただきます」

○「休ませていただきます」

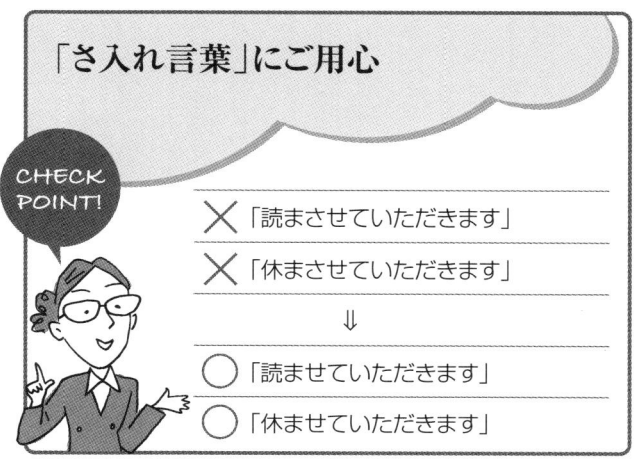

また、「どちらでもいい」と思う人もいるかもしれません。

しかし、この場合の正解は、前者の**「読ませていただきます」**で、「読まさせていただきます」は間違いです。

たしかに「〜させていただく」は謙譲語の一つですが、中には「〜させていただく」をつけられないものもあるのです。たとえば、**「私は、部長の後に歌わさせてもらいます」**を正しく言い直すと、**「私は部長の後に歌わせてもらいます」**ですし、**「明日から三日間、休まさせていただきます」**は、「明日から三日間、休ませていただきます」が正しい形です。

このように、本来必要ではない「さ」が入った言い方を「さ入れ言葉」といいます。これは最近の若い人に増えている間違い敬語で、使役の助動詞「せる」の前に、不要な「さ」が入っているものです。文法が苦手な人にとってはややこしく感じるかもしれませんが、口に出していってみると、その言いづらさから「さ入れ言葉」かどうかがわかるのではないでしょうか。

「○○部長様をお願いできますでしょうか」ってOK？

取引先の会社の受付で面会の申し込みをする場合、次の例文のうち、一つだけ正しくない言い方があります。それはどれだかわかりますか。

「営業部のA様とお約束を頂いております、△△と申します」
「営業部のA課長とお約束を頂いております、△△と申します」
「営業部のA課長様とお約束を頂いております、△△と申します」

この三つの例文の違いは「相手の名前の呼び方」です。

「A様」という言い方は、お客様の名前を呼ぶときに広く一般的に使われます。また、「A課長」という言い方も、相手に役職がある際にはよく用いられるものです。

では、「A課長様」という言い方について考えてみましょう。

「様」「さん」「君」「殿」などのように、名前の後に付けて相手に敬意を表すものを「敬称」といいます。「課長」「部長」「専務」「社長」といった役職名も「敬称」の仲間です。「さん」や「様」は単独で使うことはできませんが、役職名はそのまま相手を呼ぶ際に使うことができます。ですから、上司にAという部長がいたとすれば、**「A部長、お客様がお見えです」**でも、**「部長、お客様がお見えです」**といっても、どちらも間違いではありません。

しかし、「さん」や「様」といった種類の敬称と「部長」「課長」といった役職名の敬称を重ねて使うことはできません。なぜなら二重の敬語になってしまうからです。

お客様には必ず「様」をつけるといった習慣が「部長」や「課長」といった役職名にまで及んでしまっているのが「A部長様」という言い方なのです。電話などで、**「恐れ入りますが、○○部長様をお願いできますでしょうか?」**のように使ってしまいがちなので注意が必要です。

ただし、「主任補佐」「課長代理」というような役職名の場合は、あえて役職名をつけず**「○○さん」「○○様」**といった呼び方をする場合もあります。

なぜなら、これらの役職名は№1でなく№2であるというニュアンスがあるため、口に出して言うと「補佐」や「代理」といった部分が強調されてしまうからです。

二重敬語は使えない

× 「営業部のA課長様」

⇓

○ 「営業部のA様」

○ 「営業部のA課長」

食事をすすめるときの「お召し上がりください」は正しい？

お客様に料理や茶菓子などの食べ物を出す場合には、「どうぞ、食べてください」という意味の一言を添えるのが礼儀です。自分が客の立場になって考えるとわかりますが、無言で茶菓子を出されたら、あまり気分のいいものではありませんし、手をつけていいかどうか悩んでしまいますね。

では、この「どうぞ、食べてください」を敬語に直すとどうなるのでしょうか。

「どうぞ、お食べになってください」
「どうぞ、お召し上がりください」
「どうぞ召し上がってください」

あなたならどの言い方を選びますか。

まず「お食べになってください」ですが、これは「食べる」という動詞に尊敬語のパーツをつけた「お＋動詞＋になる」の形です。文法的には間違いではありませんが、あまり好ましい言い方ではありません。なぜなら、「食べる」を尊敬語に直す場合は、「召し上が

る」という表現に言い換えるのが一般的だからです。生菓子の箱などに、

「○○日までにお食べください」ではなく、

「○○日までに召し上がってください」

と書かれているのをみるとわかるでしょう。

では「どうぞ、お召し上がりください」が正解なのかというと、それも違います。なぜなら、「召し上がる」はそれだけで「食べる」の尊敬語なので、わざわざ「お」をつけて「お召し上がり〜」とする必要がないからです。

しかし、「お召し上がりください」は慣用的に使われているため、最近では完全に間違い敬語とはいえなくなっているようです。ただし、その意味をわかって使うのと、そうでないのではまるで異なるので、覚えておきましょう。

ですから、正しい言葉遣いは**「どうぞ召し上がってください」**となります。

また、「食べる」の尊敬語には「上がる」という言い方もあります。

「冷めないうちに上がってください」「温かいうちに上がってください」

というようにすすめることができるので、ぜひ覚えておきたい表現ですね。

「ご拝聴いただき」は大間違い

会議で自分の企画を発表する際に好感を持って聞いてもらうには、ハッキリとした声で話す、伝えたいテーマを明確にさせる、話の内容に起伏をつける、リズムよく話すなど、さまざまなコツがあります。さらに、すべての発表を終わるとき、御礼で締めくくるのも大切なポイントです。

「これで、私の発表を終わります」
「発表はこれでおしまいです」

こんな締め方では、子どもの学習発表会のようですね。社会人ならば、自分の話に耳を傾けてくれた人たちに感謝の気持ちを表すべきでしょう。

では、ここにA、B、Cの三人の発表者がいるとします。三人はそれぞれに企画発表をして、最後に締めの言葉を述べています。感謝の言葉としてふさわしいものはどれでしょうか。

「ご清聴いただき誠にありがとうございました」とAさん。

ご拝聴いただき、ありがとうございました
ナニサマダ…

「聞くこと」の尊敬語は「清聴」

CHECK POINT!

×「ご拝聴いただきありがとうございました」

⇓

○「ご清聴いただきありがとうございました」

○「耳を傾けていただき誠にありがとうございました」

「ご拝聴いただき誠にありがとうございました」とBさん。

「耳を傾けていただき誠にありがとうございました」とCさん。

実はこの中に一人、とんでもない間違いをしている人がいるのです。

「清聴（せいちょう）」は、他人が自分の話を聞いてくれることを敬った表現ですから、Aさんの「ご清聴いただき〜」は正しい敬語表現となります。別の言い方では**「ご清聴を感謝いたします」**などもあります。Cさんの「耳を傾けていただき」も「熱心に聴いていただき」という意味ですから問題ありません。

大間違いはBさんの**「ご拝聴いただきありがとうございました」**です。

「拝聴」とは「聞くこと」をへりくだっていう語ですから、本来は「先生のお話を静かに拝聴した」のように自分の行為を言い表すものです。ですから自分の話を「ご拝聴〜」などと言えば「私のありがたい話を謹んで聴いてくれてありがとう」の意味になってしまいます。これではどんなに立派な内容の発表だとしても台なしですね。

「終わりよければすべてよし」という言葉があるように、物事の締めくくりはとても大切。大恥をかかないためにも「清聴」と「拝聴」を間違えないようにしましょう。

来客を取り次ぐとき「という方がお越しです」と言ってませんか？

会社にはたくさんのお客様がいらっしゃいますね。受付では、訪れた方を速やかに担当者にご案内するのも大切な業務の一つです。

さて、受付にお客様がやってきて、

「私、△△商事のBという者でございます。お約束は頂いていないのですが、もしお手すきでしたら営業部のA様にご挨拶を申し上げたいのですが…」

と言いました。受付担当者はAさんに何と取り次ぐのがいいでしょうか。

「△△商事のBさんという者が来ていますが…」

いくら相手が「Bという者でございます」と言ったからといって、それをそのまま復唱するようでは、社会人失格す。「～という者」は自分をへりくだって言っているわけですから、取り次ぐ場合は相手を敬う形に直さなくてはいけません。また、お客様の名前を呼ぶときは「さん」ではなく必ず「様」を使います。そして「来ています」も尊敬表現にして「お越しです」「お見えです」「いらっしゃっています」などに言い換える必要があるので

しょう。では、

「△△商事のB様という方がお越しです」

ではどうでしょう。これなら、相手を敬った形に直っていますね。しかし、実はこれでも満点とはいえないのです。

問題になるのは「〜という方」の部分。この言い方では「本人はBと名乗っているけれど、本当のところはわかりません」と言っているようにも受け取れます。文法的には間違いでなくても、聞く側に不快感を与えるようでは敬語を使う意味がありません。

この場合はシンプルに、

「△△商事のB様がお見えです」「△△商事のB様がお越しです」

このように伝えるのがいいでしょう。

初めて訪問する会社や、あまりなじみのないお客様を訪ねるときは、誰でも少なからず緊張するものですね。そんなとき、取り次いでくれる人の対応がいいと安堵しますが、いかにも「あなたは誰？」というような対応では、会社全体のイメージが悪くなります。

また、「約束がない人はお客様ではない」といった対応をする企業もありますが、約束があろうがなかろうが、お客様であるという気持ちを忘れてはいけません。

転勤する上司へのはなむけの言葉は？

職場の誰かが転勤になるときには、送別会を開くことが多いですね。会では、転勤者がこれまでの職歴をふりかえり、感謝の気持ちと今後の抱負などを述べますが、送る側もまた主役である転勤者に対して、感謝の気持ちとエールを込めてはなむけの言葉を贈るのが一般的です。

次の例文は、上司のD部長が北海道支社に転勤になる送別会の席での、三人の部下の言葉ですが、はなむけとしてふさわしくないのはどれかわかりますか。

「部長が北海道に行かれても、教えていただいたことは決して忘れません」とA子さん。

「部長、ご栄転おめでとうございます。私も頑張りますから、部長も頑張ってください！」とBさん。

「微力ですが、これからも部長のことを応援させてください」とC美さん。

どれも送別会ではよく耳にするフレーズなので「この中に不適切な言い方なんてないのでは、と思う人もいるかもしれません。確かに、これらを聞いて「なんて失礼なことを言うんだ！」といきなり腹を立てる人も少ないでしょう。しかし厳密に考えると、Bさんの言った**「部長も頑張ってください」**は、上司に対するはなむけの言葉としては適切ではありません。

敬語の基本的な考え方では、「ねぎらう」「ほめる」といった行為は、年長者から年少者、上位の人から下位の人に対してすることなので、部下が部長に「頑張れ」というのは好ましくないのです。また、「頑張ってください」という言葉の中には「自分自身でなんとかしなさい」といった、どこか無責任で突き放したようなニュアンスが感じられます。本人は相手を元気づけようと好意から言っているのはわかるのですが、人によっては不快に感じるので注意しましょう。

しかし、お世話になった上司に対しては、新しい勤務先でも「頑張ってほしい」という気持ちを伝えたいものです。少し表現を変え、

「新天地でのご活躍をお祈りいたしております」「益々のご活躍をお祈りしております」

などのように、相手を直接励ますのではなく、「応援しています」や「祈っています」と、自分の行為に置き換えるのがいいでしょう。

テンキンナンダ
×頑張ってください
○ご活躍をお祈りしております

言葉の中のニュアンスに注意

CHECK POINT!

×「頑張ってください」

⇓

○「教えていただいたことはけっして忘れません」

○「これからも応援させてください」

「社長がおっしゃられました」は過剰敬語です

目上の人に敬語を使うのは基本ですが、社長や重役など地位の高い人と話したり、その人の動きを表すときには、ついつい過剰敬語になってしまいがちです。敬語は重ねれば重ねるほど敬意が増すわけではなく、かえって相手をばかにしたような印象さえ与えてしまうので注意が必要です。

例えば、目上の人が話をしたということを、

「社長がおっしゃられました」

「それは、部長がおっしゃられたことです」

と言う人がいますが、これは過剰な敬語です。正しく言い直すのなら、

「社長がおっしゃいました」

「それは部長がおっしゃったことです」

となります。また、お客様など目上の人が来る時に、

「○○様はお昼過ぎにいらっしゃられる予定です」

過ぎたるは　なお及ばざるがごとし

×「社長がおっしゃられました」

⇓

○「社長がおっしゃいました」

○「社長がおっしゃったことです」

このように言うことがありますが、これも「おっしゃられる」と同様に過剰敬語。

「○○様はお昼過ぎにいらっしゃる予定です」

だけでいいのです。

ではここで、尊敬語の分類について少し話しましょう。

尊敬語は「言い換え型」と「付け足し型」の二つに分けることができます。

言い換え型は、「食べる」を「召し上がる」、「知っている」を「ご存知」、「する」を「なさる」などのように、別の言葉に言い換えるものです。

「付け足し型」は、ある動詞に「〜れる・られる」「〜される」「お〜になる」などのように尊敬語のパーツを付け足すもので、「歩かれる（歩く＋れる）」、「利用される（利用＋される）」「お持ちになる（お＋持つ＋になる）」などがあります。

「おっしゃる」「いらっしゃる」はどちらも「言い換え型」の敬語なので、さらに尊敬語のパーツをつける必要はないのです。また、言い換え型の敬語にさらに付け足しをすると、発音しにくく、聞き苦しいという難点もあります。

「過ぎたるはなお及ばざるがごとし」です。敬語の使いすぎには注意すべきです。

「お目にかかりましたか？」では敬意の対象者に注意する

「あなたのような素晴らしい人にはお目にかかったことがありません」
「先日のパーティーで、御社の会長に初めてお目にかかりました」
「お目にかかる」とは、「会う」ことをへりくだって言った語で、「お会いする」や「会っていただく」より敬意が高い表現です。学生時代では滅多に使うことが無いフレーズかもしれませんが、ビジネスでは頻繁に使用します。たとえばお客様に面会の申し入れをする場合などは、

「ぜひ一度、お目にかかっていただけませんでしょうか？」

「お時間のある時に、お目にかかっていただければ幸いです」

というような使い方をします。

では、次の例文のうち、「お目にかかる」の使い方が正しいものはどちらでしょうか。

「来週、研修を終える新入社員が『部長にお目にかかりたい』と言っているのですが、いかがなさいますか？」

「部長、新入社員とはもうお目にかかりましたか？」

「お目にかかる」のような謙譲語を使うときに注意しなくてはいけないのが、誰に対して敬意を表しているかということです。

前者の例文「部長とお目にかかりたい」では、新入社員（下位者）が部長（上位者）に対して「会いたい」ことを「お目にかかりたい」と表現しています。しかし、後者の「新入社員とはもうお目にかかりましたか？」では、部長（上位）が新入社員（下位）に対して「お目にかかる」、つまりへりくだってお会いすることになってしまいます。せっかく敬意の高い謙譲語でも、使い方を間違っては意味がありませんね。

また「お目にかかる」の他にも「お目に〜」という言葉を使った謙譲表現があります。

目上の人に何かを見せるときは **「お目にかける」**

目上の人の気に入ることを **「お目にかなう」**

目上の人に認められることを **「お目に留まる」**

などです。

婉曲的な表現は品のよさを感じさせるので、ぜひ覚えておきたいですね。

ことわざを使ってほめるときには？

誰かをほめるときに、ことわざを取り入れると会話に奥行きが出て、「なかなか気が利いたことをいう人だな」と思われるようです。しかし、その意味をよく理解していないと、かえって失礼になるので注意したいものです。

たとえば、知人のお子さんが難しい試験に合格したと聞いたとき、どんなことわざを使ってほめるのが正しいでしょうか。

「鳶《とび》が鷹を生むとは、まさにこのことですね」
「さすが、蛙の子は蛙ですね」
「この親にしてこの子ありですね」

まず、「鳶が鷹を生む」の意味は「平凡な親が優秀な子どもを生む」というたとえです。これではほめるどころか「親は大したこともないのに、子どもは優秀ですね」と言っているのと同じ。「鳶が鷹を生む」は謙遜の意味で使うものですから、他人に対して言うのはとても失礼なのです。

「蛙の子は蛙」は、「子どもはおおかた親に似るものである」という意味と「凡人からは凡人しか生まれない」という意味を持っています。ですから、ほめ言葉としては誤解を招く可能性もあります。

「この親にしてこの子あり」は、「こんなに立派な親があるからこそ、その子どももまた優れているのだ」という意味。ほめ言葉としてはぴったりです。

最近では、電車や病院など公共の場所で、子どもが騒いでいるのに知らん振りでおしゃべりしているような親を見て、「まったく、この親にしてこの子ありだね」と笑う人が増えているといいます。しかし、「親のできが悪いから、子どものできも悪いのだ」といった解釈は間違い。「この親にしてこの子あり」というのは相手を賞賛するものであると覚えておきましょう。

また、きちんとした身なりをした人、着飾った人に「馬子にも衣装ですね」と言うのもいけません。これは「ちゃんとした服装をすれば誰でも立派に見える」という意味だからです。ほめ言葉だと思っている人もいるので気をつけましょう。

鳶が鷹を生むとは、
まさにこのことですね
ナンダト！

ほめ言葉として使えることわざ

CHECK
POINT!

○「この親にしてこの子ありですね」

△「さすが、蛙の子は蛙ですね」

×「鳶が鷹を生むとは、まさに
このことですね」

「来られますか」は誤解を受けやすい

「おじいちゃん若いねぇ〜」
「おばあちゃん、お若いですね」

年配の人をほめるときによく耳にするのが「若い」という言葉。高齢者に関わらず、年齢による身体の衰えが気になっている人にとって「若い」と言われるのは嬉しいものでしょう。しかし、このほめ方には落とし穴があるのをご存知でしょうか。

つまり、ほめ言葉として「若い」を使うことは、「若い」＝良いことという図式ができます。それでは、反対に「年を重ねること」＝悪いことという解釈はできないでしょうか。また、「若い」という言葉はいいことばかりではなく、未熟である、十分に成熟していない、という意味を持っているため、年配の方すべてが「若い」と言われて嬉しく思うわけではないのです。

ですから、逆に年齢を重ねることでしか得られない部分に光を当てて、
「○○さんのおっしゃることには重みがあります」

「矍鑠（かくしゃく・年齢を重ねても丈夫でいるさま）としていらっしゃいますね」
などのような言葉をかけるのもいいでしょう。

とはいっても、やはりご高齢の方は加齢による身体や能力の衰えに対して敏感になっているものです。それを踏まえた上で言葉を選ぶ心遣いが必要かもしれません。

さて、ある年配のお客様に「一人で来るかどうか」を尋ねるとき、どんな聞き方をするのがいいでしょうか。

「来る」を尊敬語に直すと、「お見えになる」「いらっしゃる」「来られる」などに言い換えられますが、**「お一人で来られますか？」**という言い方は避けたほうがいいでしょう。なぜなら、この文を前置きなしで読んだ場合、「お一人でお見えになるか？」という尊敬表現と、「一人で来ることができるか？」と可能を尋ねる二つの解釈ができるからです。

もしお客様が後者の意味で受け取った場合は「年寄りだと思ってバカにするな！」と気分を害される可能性があります。敬語の基本は、目上の人間に対して「できるかどうか？」といった能力をはかるような発言は失礼になるので、この場合は誤解を受けないためにも、**「お一人でお越しになりますか？」「お一人でおいでalong」**のような言い方にしたほうがいいでしょう。

「お亡くなりになられた」は問題あり

人の死を口にするときは誰でも慎重になります。

「○○さんはお母さんが死んじゃったそうです」

「○○さんって事故で死んだらしいですよ」

このように「死」という言葉を軽々しく口にするのは問題です。たとえ自分とあまり関係のない人の話題だとしても、大人としての良識に欠けます。

では、取引先の社長が死亡したと連絡を受け、誰かにそれを伝えるとき、どんな言い方をすればいいでしょうか。

「○○商事の社長がお亡くなりになられたそうです」

これはよく耳にする言い方ですが、実は間違い敬語です。丁寧な言い方なのに、なぜ間違いなのでしょうか。

「死ぬ」の婉曲的な表現には「亡くなる」「永眠」「他界」などがあります。なぜ、このような言い方をするかというと、「死」という表現が直接的過ぎて、不吉なニュアンスがあるからです。

もっとも一般的なのが「亡くなる」という言い方ですが、これを尊敬語にして、

「社長が亡くなられる」

「社長がお亡くなりになる」

が正しい言い方です。例文の「お亡くなりになられる」は、「亡くなられる」と「お亡くなりになる」を二つ合わせてしまっているから間違いなのです。また、「お亡くなりになられる」という言い方では舌を噛んでしまいそうですね。

また、「永眠」「他界」という表現を使って、

「○○商事の社長がご永眠なさったそうです」

「○○商事の社長がご他界なさったそうです」

でもいいでしょう。

そのほかに「死ぬ」の尊敬表現に「お隠れになる」という言い方もありますが、これは古い時代に大変身分の高い人に対して用いた言葉です。現代で使うには古めかしく大げさな感じがするので、使わないほうがいいでしょう。

身内が死んだときはどう言えばいい？

他人の死を誰かに伝えるときには「先生がお亡くなりになる」や「△△商事の会長が亡くなられた」のように言いますが、身内の死を他人に話すときには、どんな表現をすればいいのでしょうか。

「亡くなる」という言い方は尊敬語なので身内の死を言い表すには適切でない、と思っている人も多いのですが「亡くなる」という言葉は尊敬語ではありません。「亡くなる」は「死ぬ」を丁寧に言った言葉なので、身内に使っても問題はありません。ですから、身内に死者が出た場合には、

「今朝、叔父が亡くなりました」

のように挨拶すればいいでしょう。

また、そのほかの言い回しとしては、

「今朝、父が息を引き取りました」

「今朝、母が永眠いたしました」

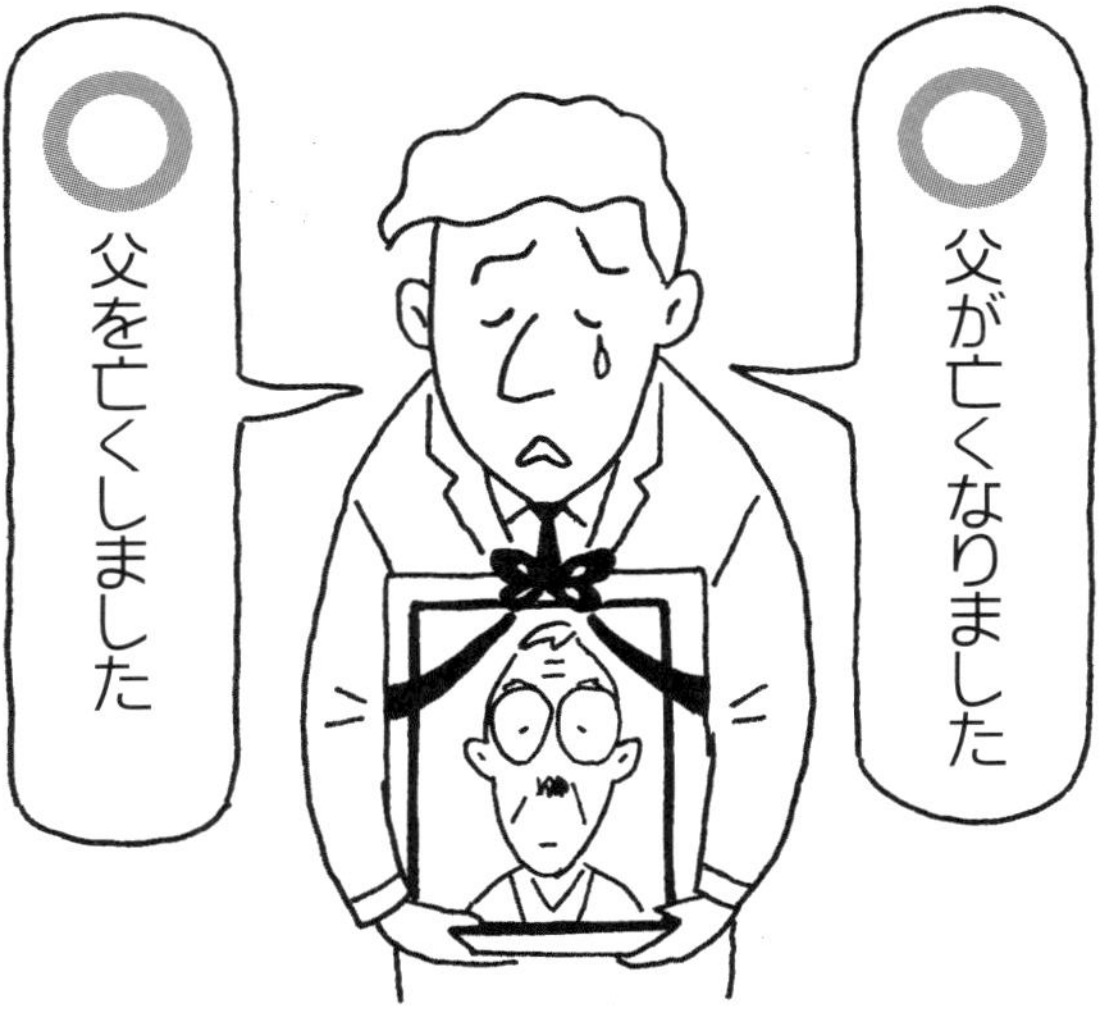

身内の死を言い表す言葉

- ○「父が亡くなりました」
- ○「父が息を引き取りました」
- ○「母が永眠いたしました」
- ○「祖母が他界いたしました」

「今朝、祖母が他界いたしました」

という言い方もあります。

「息を引き取る」「永眠する」「他界する」などは「死ぬこと」を遠まわしに表現した言葉で、なおかつ敬意が含まれていないので、身内に対して使うことができます。

「○○が死亡いたしました」

という言い方をする人もいますが、他人事のように聞こえてしまうので、身内の死を表すにはあまりふさわしくないでしょう。

また、「不幸がある」という言い方もあり、

「実家で不幸がございまして、帰省しておりました」

というように表現できます。

そして、「亡くす」という言い方も死の婉曲表現として使われます。

「私は三年前に父を亡くしております」

「母を亡くしたばかりなので、お祝いの席は辞退いたしております」

というように使います。

第二章

デキる人の正しい敬語

ビジネスの謝罪で「すみません」はダメです

誰でも仕事に慣れるまでは失敗の連続です。とくに社会人になりたての頃は、ミスをしない日のほうが少ないかもしれません。ミスをしないよう注意を払ったり、誰かに教えを請うことはとても大切ですが、同時に大切なのが「謝罪」です。

たとえば、お客様から「請求書の金額が間違っていますよ」と指摘されたとき、どんな謝り方をしますか。

「ごめんなさい。大至急作り直してお送りします」

この「ごめんなさい」という言葉は、ビジネスシーンでは通用しない謝罪のフレーズと覚えておきましょう。たとえ「大至急作り直してお送りします」という言葉を添えたとしても、謝罪が「ごめんなさい」では「この人は本気で悪いと思っているのか?」「まだまだ学生気分が抜けていないな」と思われても仕方ありません。

「すみません。バタバタしていたもので…」

ではどうでしょうか。

「すみません」は「すまない」の丁寧な言い方ではありますが、やはり敬意が低めです。この状況では「請求書の金額を間違える」という大きな失敗をしているのですから、「大変申し訳ありません」とか「誠に申し訳ありません」などのような深い謝罪が必要でしょう。

また、「バタバタしていたもので」のように言い訳するのはもってのほか。どんなに忙しかったとしても、ミスの理由にはなりません。お客様が求めているのは「次にどんな対応をしてくれるか」なのですから、

「すぐに作り直してお届けします」

「本日中に正しい請求金額のものを再発行いたします」

このように言うべきです。

こういった場合の謝罪なら、

「大変申し訳ありません。早急に作り直してお送りします」

「誠に申し訳ございませんでした。再発行してすぐにお届けいたします」

と言うのがいいでしょう。そして会話の終わりには、**「大変ご迷惑をおかけしました」**と、再び謝罪することも大切です。

上司の手伝いのときには「やります」か「致します」か？

仕事をする上で自発性はとても大切。頼まれていない仕事でも進んで取り組んだり、常に周囲に気を配り、助けが必要な人がいたらひと声かける心配りがほしいものです。

たとえば、上司がコピーをとっているときに「自分が代わってやります」という意味で声をかけるなら、どんな言葉遣いがいいでしょう？

「課長、私がやって差し上げます」

この言い方からは自発性や心配りは感じることができますが、どこか押し付けがましい感じもしませんか。「やって差し上げる」を平たく言うと「やってあげる」になります。その中には、恩恵を施すという意味が含まれているため、目上の人に対して使うべきではありません。

「私がやりますから…」

このように、語尾が消えてしまう言い方は中途半端な感じがするため、きちんと言い切る方がいいでしょう。この場合なら「私がやります」になりますが、「やる」は普段着の言葉なので、「致します」に直します。

また、目上の人に対しては「～させていただく」というへりくだった姿勢が大切なので、

「お手伝いいたしましょうか？」

「私が致しましょうか？」

と疑問形にして、相手に判断を委ねると好感が持てます。

さらにワンランク上の敬語を目指すのなら、

「私が致しますので、部長は会議にお戻りください」

「私が致しますので、どうぞそのままになさってください」

「後は私が致しますので、席にお戻りください。出来上がり次第お届けします」

などの声かけがいいでしょう。

これだけ言えれば「心配りのできる人だな」「自発性があるな」「本当によく気がつくな」と思われるでしょう。

せっかく進んで仕事を手伝っても、言葉のかけ方一つで「余計なお世話」と思われてしまうこともあるので、言葉は慎重に選びたいものです。

発表の後で「何かご質問は?」では物足りない

会議での説明・発表や、プレゼンテーションなどで大切なことは、一方的に喋るのではなく、聴いている人たちと呼吸を合わせることだといわれます。自分の言いたいことだけを一気に話して、ふと皆の顔を見るとポカンとしていた、ということにならないよう、十分に気を配らなくてはなりませんね。

そのためにも、話の途中途中で質問を受け付けることは大切です。これによって、聞いている人の理解度を知ることができますし、どの程度興味を持ってくれたかも感じることができるからです。

さて、その質問を受け付けるときですが、一般的によく使われるのが、

「では、今のところまでで何かご質問は?」

という表現です。

「質問」を「ご質問」と言い換えているところまではいいのですが、これだけでは物足りない感じはしないでしょうか。

語尾は曖昧にしない

✕「何かご質問は?」

⇓

◯「何か質問はございますでしょうか?」

◯「質問を受け付けたいと存じます」

電話などで相手が名乗らなかったときに「失礼ですが…」と語尾を曖昧にするのではなく、「失礼ですが、お名前を伺ってもよろしいでしょうか?」、「失礼ですが、お名前をお聞きしてもよろしいでしょうか?」と聞かなくてはいけないように、会議の席で質問を受け付けるときにも、

「では、今までのところまでで、何か質問はございますでしょうか?」

「では、今までのところまでで、ご質問のある方はいらっしゃいますか?」

このように、相手にきちんと趣旨が伝わるように話すべきでしょう。

また、もうワンランク上の言葉遣いを目指すのであれば、

「質問がございましたら、何なりとおっしゃってくださいませ」

「ここで質問を受け付けたいと存じます。どうぞよろしくお願い致します」

「ご質問を受け付けますので、不明な点などございましたら挙手をお願い致します」

このように話すのが好印象です。

ここまで言えれば「発表内容もさることながら、言葉遣いも素晴らしいな」と感じてもらえるでしょう。

「～してください」をソフトに表現したいときは？

組織の中で働いていると、誰かから仕事を依頼されたり、誰かに依頼したりということが日常茶飯事です。仕事を頼まれたときは「承知しました」や「かしこまりました」といった答え方をするのが理想的ですが、反対に自分が誰かに仕事を依頼する場合は、どんなふうに言ったらいいでしょうか。

たとえば上司である課長の旅費精算が遅れており、それを促す意味で依頼する場合はどんな言葉を選びますか。

「課長、早急に旅費精算をしてください」

これは一番ストレートな言い方ですが、やや高圧的な印象を受けます。また、言葉遣いこそ丁寧ですが、「早くやりなさい」といった命令口調に聞こえないでもありません。やはり、上司に対してこのような言い方は避けたほうが賢明でしょう。せめて、

「課長、早めに旅費精算をお願いいたします」

このように、「お願いする」形をとったほうがソフトで好感が持てます。

さらに丁寧にするのなら、

「課長、できるだけ早めに旅費精算をお願いできますでしょうか?」

「課長、お忙しいとは存じますが、旅費精算をお願いできますでしょうか?」

という言い方がいいのです。

上司に限らず誰かに物を頼むとき「~してください」と言われるより「~していただけますか?」のほうがソフトに感じますね。

たとえば、飲食店などでは店内での携帯電話の使用を禁止していることが多いですが、その禁止事項を守ってくれないお客様に対して、

「店内では携帯電話を使用しないでください」

と言えば角が立ちます。しかし、

「店内での携帯電話のご使用はお控え願えませんでしょうか?」

「店内での携帯電話の使用はご遠慮願えませんでしょうか?」

と言えば、ぐっとソフトな印象になりますね。

言いたいことは同じなのですが、言われた側からすれば、禁じられるのとお願いされるのでは、受ける印象はまったく異なるのです。

「行ってきま〜す」と出かけてませんか？

一日の大半を自分のデスクで過ごす人もいれば、社内にはほとんどおらず、社外で仕事をするのが主な人もいます。ホワイトボードに行き先だけを書いて無言で外出してしまう人もいるようですが、これでは社会人失格です。留守の間に自分宛の電話を受けてもらったり、来客の応対をしてもらうわけですから、必ず上司や同じ職場の人たちにはひと声かけてから出かけるようにします。

ビジネスシーンでは、出かけるときの挨拶は改まった言葉遣いで、

「それでは行ってまいります」

と言うのがいいとされています。

一歩外に出れば、自分は会社の代表者として社外の人と接するわけですから、そういった責任を再認識する意味でも、きちんとした挨拶を心がけたいものです。

しかし、いつも一緒に仕事をしている人たちにする挨拶はつい緊張も緩みがちになり、「それじゃ行ってきますね〜」「行ってきま〜す」などと言う人が多いようです。

無言で出かけていくよりはずっとましですが、プライベートとは区別して、改まった挨拶をするのが社会人の品格といえるでしょう。

そして、ホワイトボードに行き先を書いたとしても、

「これから、○○（地名）にある△△商事様の商談に行ってまいります。こちらに戻るのは3時過ぎになると思います。時間の変更がある場合は連絡を入れます」

というように、上司や留守をお願いする人に口頭でも伝えるべきでしょう。

相手先の会社名だけを告げて出かける人もいますが、その会社がどこにあるかを知らなければ、急用が出たとき、すぐに戻ってこられる距離なのか判断がつきません。また、細かい打ち合わせの内容を話す必要はありませんが、商談なのか、挨拶なのか、納品なのかなど、大まかな内容を話しておけば、連絡がとりやすくなります。

そして社に戻ったときには、「ただいま戻りました。留守中、何か連絡がありましたか？」と、確認をするのがいいでしょう。また、留守をお願いした人へのお礼を忘れないのも、社会人として大切なマナーです。

複数の仕事の依頼では「どちらがお急ぎですか?」と聞く

与えられた仕事は正確かつ迅速に処理するのがビジネスの鉄則ですが、時には仕事が重なって、完成度が落ちたり、思わぬミスをすることもあるでしょう。人にはそれぞれキャパシティーがありますから、それを超えたときは一人で抱え込まず、上司に相談することも必要です。

スムーズに業務を遂行するために上司に報告・連絡・相談することを、その三つの頭文字をとって、仕事の「ほうれんそう」といいます。報告することによって、上司の指示と自分の仕事の進んでいる方向がぶれていないことを確認できますし、迅速な連絡をすることによってトラブルが起きたとき的確な対応できます。また、相談することで問題を共有でき、お互いの信頼関係や意識が高まるのです。

では、ここで問題です。新人のAさんは部長から契約書のタイプアップを依頼されました。ミスがないよう慎重に契約書を作っていると、かさねて部内会議の資料の作成も依頼されました。この二つの仕事を期間内に仕上げることは到底無理です。こんな場合は、部長に何と言えばいいのでしょうか。

「部長。契約書のほうを先にすませちゃってもよろしいでしょうか？」

Aさんからすれば、すでに手をつけている契約書のほうをすませて会議の資料にう移りたい、という気持ちがあったのかもしれませんが、この場合、仕事を依頼しているのが部長ですから、当然、優先順位を決めるのも部長です。つまり、部長に指示を仰ぐのが正解です。また、「すませちゃって」は普段着の言葉遣いなので**「すませてしまって」**と言い換える必要があります。

ここでは、

「契約書と資料作りのどちらを優先させればよろしいですか？」

「契約書と会議の資料、どちらがお急ぎでしょうか？」

というように聞けばいいのです。

両方を期限内に仕上げられないことで気持ちがいっぱいになり、「一度に二つのことはできません！」と感情的に言ってしまう人がいますが、こんな答え方は仕事の拒絶ととられかねないのでやめましょう。

「こちらが○○部長でございます」なんてダメ

新人の頃は、お客様に挨拶する時には一緒にいる上司や先輩が、「今度うちの部に配属になりました○○です。どうかよろしくお願いします」と自分のことを紹介をしてくれましたね。本人は「○○でございます。どうぞよろしくおねがいします」と頭を下げて名刺交換するだけでよかったのですが、キャリアを積んでいくと、次第にそれだけではすまなくなります。今度は逆に、上司や先輩を自分のお客様に紹介するというシーンも増えてくるでしょう。

さて、上司と一緒外回りをしているときに、道でばったり取引先の担当者と出会ったとします。こんなときは、どんなふうに自分の上司を相手に紹介すればいいでしょうか。

「ご紹介します。こちらが○○部長でございます」

これは敬語として基本的なミスを犯しています。お客様に自分の上司を紹介する場合、へりくだった表現にするため、「○○部長」のように名前に役職名をつけてはいけません。名前は呼び捨てにするのが基本です。

「ご紹介します。こちらにいらっしゃるのが上司の○○でございます」

この言い方も間違いです。確かに上司の名前は呼び捨てにしていますが、「こちらにいらっしゃるのが」という言い方は尊敬語です。この場合は謙譲語で**「こちらにおりますのが」**と言うべきでしょう。

したがってお客様に上司を紹介する際は、

「こちらが部長の○○でございます」「こちらが上司の○○でございます」

になります。

また、上司にも相手のことを紹介しなくてはなりませんが、このときに相手が下請け会社の人だった場合、

「こちらは下請けの○○さんです」

などと言ってはいけません。「下請け」という表現は、その会社を自社よりも低くみなしている証拠です。あくまで相手の立場を尊重して、

「こちらはいつもお世話になっている○○商事の△△様です」

と言うべきです。

こちらが青木部長です
こちらが部長の青木です

お客様に上司を紹介する際は呼び捨て

CHECK POINT!

× 「こちらが○○部長です」

⇓

○ 「こちらが部長の○○です」

○ 「こちらが上司の○○です」

お客様に「ご着席ください」は失礼

「どうぞ、こちらにご着席ください」
「どうぞ、こちらにお座りください」
「どうぞ、こちらにおかけください」

これは、お客様がお見えになったとき、担当者が来るまで椅子に座って待っていただくようにご案内しているセリフです。この中で言葉遣いが適当でないものはどれだかわかりますか。

実は、この三つの言い方は、文法としてはどれも間違ってはいません。しかし、お客様をご案内するシーンの言葉として考えてみるとどうでしょうか。

最初の「ご着席ください」は、まるで乗り物か劇場の館内放送のようです。また、「着席」という言葉自体が持つ硬さのためか、「座りなさい！」と指示されているようにも聞こえます。いずれにしても、ご案内したお客様には不向きな言い方でしょう。

では、「こちらにお座りください」はどうでしょう。敬語の使い方としては間違っていないのですが、「お座り」という部分が動物をしつけるときの「おすわり！」を連想させてしまうため、接客にはふさわしくない言葉だとされています。

したがって、正しい案内の仕方は、

「どうぞ、こちらにおかけください」

「○○は只今参りますので、どうぞおかけになってお待ちください」

という言い方になります。

では、ここでプラスアルファの問題です。

「本日は、あいにくの雨模様の中お越しいただき恐縮でございます」

「本日は、お足許の悪い中お越しいただき恐縮でございます」

土砂降りの雨の中、お越しくださったお客様に一言添えるとしたら、どちらがふさわしいでしょうか。

正解は後者の**「お足許の悪い中…」**です。なぜなら、「雨模様」というのは、どんよりと曇っていて今にも雨の降り出しそうな天候のことなので、本当に雨が降っているときには使えないからです。

お客様から「○○してもらえますか?」と要望があったとき

料理を注文すると「はい、喜んで!」と答えてくれる居酒屋があります。「喜んで」という言い方は、敬語という面から考えるといかがなものかとも思いますが、客の要望を気持ちよく受け入れてくれるという点では好感が持てますね。飲食店に限らずどんなビジネスでも、お客様から頼まれたことを進んで受け入れてくれる姿勢は気持ちがいいものです。

さて、打ち合わせのとき、お客様から「申し訳ありませんが、こちらの資料のコピーをいただけますか?」と頼まれたとします。そんなとき、

「はい、よろしいですよ」

と答える人がいます。しかし、この言い方は好ましくありません。

敬語のマナーには「上位の人に用いてはならない言葉遣い」がありますが、その中の一つに「上位の人に許可を与える言葉」というものがあります。「よろしいですよ」は「してもいい、かまわない、差し支えない」という、許容できるという意味です。

「真剣にやる気がないのなら、もう来なくてよろしい」

コピーヲ オ・ネガイ
デキルカ・ネ
× よろしいですよ
○ かしこまりました

要望への答え方

CHECK POINT!

×「はい、よろしいですよ」

×「はい、よろしゅうございます」

⇓

○「はい、かしこまりました」

○「はい、承知いたしました」

「話したくないのなら、話さなくてもよろしい」

というように、目上が目下に対して許可を与えるために使われます。ですから、お客様の要望に対して「よろしいですよ」と答えるのは大変失礼なのです。では、

「はい、よろしゅうございます」

ではどうでしょうか。

「よろしいですよ」に比べるとぐっと丁寧な印象を受けますが、これは「よろしい」という言葉を丁寧にしただけで、言葉のもつ意味は変わりません。

お客様や目上の人の要望を承知する意味の答え方で正しいとされているのは、

「はい、かしこまりました」

「はい、承知いたしました」

です。最近「はい、了解しました」という返事の仕方をする人が増えていますが、「了解」は「事情を思いやって納得する」という意味なので、快く引き受けるのとは少しニュアンスが違います。

道案内で「お行きになられる」は過剰です

通いなれた道でも、急に「○○へはどう行ったらいいですか?」と聞かれて言葉につまることはありませんか。また、初めて訪ねた町で道を聞いてみたところ、「この道をどんどん歩いて右に曲がって、少し行ったら左に行って、それをさらにちょっとだけ東に戻った所にありますよ」

そう言われてもチンプンカンプンでしょう。

結局は「もう少し行ったら別の人に聞いてみてください」というのが無難なのでしょうが、仕事でお客様から道を聞かれたときは、最寄り駅への道くらいはきちんと説明できるようにしておかなくてはなりません。

たとえば「○○駅に出て帰りたいのですが、どうやって行ったらいいですか?」と聞かれた場合、どのように答えればいいでしょうか。

「△△通りを東に真っ直ぐお行きになられるとファミレスが見えてまいります。その角を右折すると○○駅に通じる階段がございます」

この話し方で間違っているのは、「お行きになられる」と「ファミレス」という部分。「お行きになられる」は過剰敬語なので、

「真っ直ぐいらっしゃると」

「真っ直ぐお進みになると」

「真っ直ぐ進まれると」

などに言い換える必要があります。また、「ファミレス」のように言葉を省略するのは失礼なので使いません。この場合はきちんと「ファミリーレストラン」と言うべきです。ただし、ファミリーレストランだけではわかりにくいので、

「○○という名前のファミリーレストランが」

と伝えるのがいいでしょう。

「正面玄関を出ると目の前に○○行きのバス停がございます。バスは5分おきにいらっしゃるので、そちらをご利用になると便利です」

この道案内では「バスは5分おきにいらっしゃるので」という部分が間違いです。バスは乗り物ですから、敬語を使う必要はありません。この場合なら、

「バスは5分おきに出ていますので」

「バスは5分おきに運行していますので」

という言い方がいいでしょう。

正しい道案内の一例は、

「弊社の玄関を出て左手に100メートルほど進まれますと、左手に○○保育園の黄色い建物がございます。その建物を左に折れ50メートルほど直進なさいますと○○駅に出ます」

のようになります。

道案内のときに注意しなくてはならないのが、どちらの方向に進むかをハッキリとわかるように伝えることです。「右に曲がって」や「左に行って」という表現は、その人がどちらを向いているかによって変わってきます。東西南北で知らせる方法もありますが、人によってはわかりづらいので、「○○を背にして右」とか「○○を正面に見て左側の道」のような説明にします。

また、**「○○中学校の正門を過ぎてから」**や**「一階に喫茶店があるレンガ造りの建物の手前」**のように、目標の建物を織り交ぜながら話せば、もっとわかりやすくなるでしょう。

会議で「私的（わたしてき）には」なんて禁句

会議で意見を求められたとき、自分の思いをどう伝えていいのかわからず、「特にありません…」という人がいます。まとまってもいない考えを口にして話を混乱させたくないという気持ちなのかもしれませんが、「特にない」と答えてしまえば「この人は何も考えていないのか…」と解釈されてしまう危険性があります。こんな場合は、

「申し訳ありませんが、うまく言葉にできるほど考えがまとまっていません」
「まだ、自分の中で迷っているので、うまく言えず申し訳ないです」

このように答えるほうがいいでしょう。

また、上手に意見がまとまっていなくても、真摯に答える姿は好感が持てます。意見を求められたときは、できるだけ答えるようにしたいものです。

さて、自分の意見を述べるといえば、最近増えているのが「私的には…」という言い方。

「私的（わたしてき）には絶対A案がいいと思います」
「B案は私的（わたしてき）にはありだと思うのですが、部長的にはダメですか？」

というような使い方です。

「～的」という表現は本来は、

「部長は職場の父親的存在です」

「超人的な働きぶりですね」

というように、物や人を表す名詞について、「～のような」という意味を表すものです。

ですから、「私的（わたしてき）」や「部長的」といった使い方は誤りなのです。

「私は○○のように考えます」

「私は○○だと感じました」

このように言い換える必要があるでしょう。

そして、「良い」とか「可能である」の意味で使われる「○○はありですよね」といった表現も、聞く人によっては大変に耳障りなものです。

「私はいいと感じました」とか**「○○は可能だと思います」**

と表現にするべきでしょう。また、どちらとも判断がつかない質問に対して、「ビミョー…」と答える人がいますが、これもビジネスでは禁句と覚えておきましょう。

期日を過ぎても入金がないときは?

ビジネスで最も大切なのは信頼関係。、両者の間で決めたことはきちんと守らなくてはなりません。しかし、取り決めの中でも基本中の基本である入金が遅れるケースもないわけではありません。

入金が遅れている相手に対し、どのように伝えたらいいでしょうか。

「何かの手違いかと存じますが、現時点では入金の確認がとれておりません。ご確認をお願いできますでしょうか?」

これがお手本の言い方です。ビジネスは持ちつ持たれつの世界ですから、いつどこで自分が助けられる立場になるかわかりません。相手の落ち度をいきなり責めるような態度はとらず、「何かの手違いかと存じますが…」と、遠まわしに言ってみましょう。この言い方なら「手違いでもなければ、御社のような会社が支払いを滞るはずがない」「きっと手違いがあったのでしょう、だから責めているわけではないんですよ」というような、やんわりとした表現になるのです。

何かの手違いかと存じますが入金の確認がとれておりません
シマッタ…

相手の落ち度をいきなり責めない

CHECK POINT!

×「入金されていません」

×「入金してください」

⇓

○「入金の確認がとれておりません」

○「ご確認をお願いします」

また、「入金されていません」ではなく「入金の確認が取れておりません」と言うのも、「入金してください」ではなく「ご確認をお願いします」と言うのも、催促をする際の常套句です。

このように、お客様に催促する場合や、意見をする言葉は慎重に選ばなくてはなりません。しかし、これらの言い方にはいくつかのパターンがあるので、覚えてしまえば簡単です。

たとえば、注文して送られたきた商品の質が悪かった場合は、

「今回お送りいただきました商品は、いつもの御社製品とは品質が異なるようでございます。ご確認いただけますでしょうか？」

無理なことばかりを要求してきて仕事にならない相手には、

「申し訳ありませんが、今回の件は一度白紙に戻させていただけませんか？」

前に言ってたことと内容が違っている場合は、

「私の記憶違いでしょうか？　確か先日の打ち合わせでは…」

というように切り出すのがいいのです。

どれもパターンとして覚えておくと、いざというときに役立ちますね。

「わかりません」では答えにならない

営業マンはお客様からどんな質問をされても即答できるように、商品について深く学んでおく必要があります。しかし、時には予想外な質問をされることもあるでしょう。さて、そんな場合、どう答えるのがいいでしょうか。

「大変申し訳ございませんが、私にはわかりません」

最初に謝罪するところまではいいのですが、後半の「私にはわかりません」の部分はいただけません。わからないというのは、自社の商品に責任を持っていないということにも通じます。せめて、

「至急調べてお返事申し上げます」

というひと言がほしいですね。

また、「わかりません」という否定的の言い方は「わかりかねます」という肯定的な言い方に直したほうが柔らかな印象になります。

もっとひどい答え方では、

「そんな事をお聞きになって、どうするおつもりでしょうか?」

というのがあります。

商品を購入するお客様はさまざまなことを考えてお金を支払うわけですから、わからないことを質問する権利があります。それなのに、まるで相手を非難するような言い方は言語道断でしょう。

こうした場合なら、

「大変申し訳ありませんが、私にはわかりかねます。至急お調べいたしますので、少々お待ちいただけますでしょうか?」

「勉強不足で誠に申し訳ありません。大切な点でございますので、早急に確認したいと存じます」

などのように答えましょう。

こちらにとっては些細なことでも、お客様にとっては重大な問題かもしれません。それを念頭に置き、まず「答えられなかったことに対しての謝罪」、つぎに「早急に確認して連絡する」という二点をしっかり抑えた対応をしましょう。

×
私にはわかりません
シラベロヨ！

予想外な質問への答え方

CHECK POINT!

「大変申し訳ございません」

…答えられなかったことに対しての謝罪

⇓

「至急調べてお返事申し上げます」

…早急に確認して連絡する

電話を取るのが遅くなったときは？

会社で電話が鳴ったとき、あなたは何コールくらいで取っていますか。ビジネスマナーでは一般的に「ベルがなったらすぐに取る」というのが基本です。しかし、いつも受話器に手をかけているわけにもいきませんし、他の電話に出ていたり、席から離れていることもあるはずです。それでも、できる限り3コール以内で取るように心がけましょう。

もし、それ以上お待たせした場合は「はい、○○商事・販売部でございます」と、いつもと同じように話すのではなく、「待たせてしまった」という意味の言葉を頭に置くべきです。

では、少し遅れて電話を取ったとき、次の例文のうち適切な言葉遣いをしているのはどれでしょう。

「お待たせいたしました。○○商事でございます」

「お待ちどうさまでございます。○○商事でございます」

「お待ちいただき、ありがとうございます。○○商事でございます」

「待たせる」の尊敬表現は「お待たせする」なので、一番目の**「お待たせいたしました」**は正しい敬語です。これは電話に限らず、接客などにもよく登場する言葉です。受付にお客様がいらして出迎えるときも、いきなり「お世話になります、どうぞこちらへ」と応接に案内するのではなく、やはり「お待たせいたしました」とひと言添えるべきです。たとえ、お客様が予定より早く訪れたとしても同様です。

では、「お待ちどうさまでございます」という言い方はどうでしょうか。友達同士の待ち合わせのときに、後からやってきた人が「お待ちどうさま」と言うことはありますが、これは普段着の言葉なのでビジネスシーンで使うのには不向きです。たとえ後ろに、「ございます」をつけたとしても、敬意が高くなるわけではありません。

最後の「お待ちいただき、ありがとうございます」は、なんとなく違和感がありませんか。この言い方を平たく言い換えると「待っててくれてありがとう」ということになります。相手を待たせておいて「ありがとう」と感謝の言葉を述べるのは不自然です。それなら、**「お待たせして申し訳ありません」**のほうが違和感なく聞こえるでしょう。

伝言を預かった場合は「申し伝えます」がいい

不在の人宛の電話を取った場合、電話を受けた人はできる限り、電話をかけてきてくれた相手の希望に添うような応対をしたいものです。たまに、

「A様をお願いできますでしょうか？」

「Aは外出中です」

「何時ごろお戻りになりますか？」

「さぁ…ちょっとわかりません」

このようなやる気のない応対をする人がいますが、これでは電話を取る意味がありません。留守番電話にメッセージを吹き込んだほうがよほどましでしょう。

電話を取った人は、まずAが電話に出られないことを謝罪してから、お客様が「直接Aと話したいのか」「Aに伝言があるのか？」「Aが戻り次第連絡をしてほしいのか」などを察して、それに見合った対応をするべきです。**そのためには、まず「Aがいつ席に戻るか」という情報をお客様に提供し、「いかがいたしましょうか？」と聞くのが一番です。そう**

すればお客様の側から「○○してほしい」と言ってもらえますね。

では、お客様に「△商事の□から電話があったと伝えてください」と言われた場合はどのように答えればいいでしょうか。

「A部長がお戻りになったら、お電話頂戴したことを伝えます」

「部長が戻り次第、お電話を頂いたことを伝えておきます」

「Aが戻りましたら、お電話を頂戴したことを申し伝えます」

ここでポイントになるのは、誰に対して敬意を表すかということです。電話をしている相手はお客様ですから、身内である部長のことはへりくだった表現をしなくてはなりません。そこで、まず「部長」という言い方は間違いですね。役職には敬意が含まれているので、この場合は「Aが…」というように呼び捨てにしなくてはいけません。

また、一番目の「お戻りになったら」も、部長に対して尊敬語を使っているので不適切な表現です。

正解は三番目。**「申し伝える」は「言い伝える」の謙譲表現で、自分の行為を、話の相手（お客様）に対して丁重に述べています。身内に何かを伝えるときの必須フレーズとして、ビジネスではよく使われます。**

担当者が出張中に「お休みです」はおかしい

お客様から電話をいただいたけれど、あいにく担当者が出張中。こんなときは、どんな応対をするのがいいでしょうか。

「あいにく○○は北海道の建設予定地の視察に行っております。来週の火曜日まで出社いたしませんが、いかがいたしましょう？」

「あいにく、○○は只今出張に出ております。来週の火曜日に出社いたしますが、いかがいたしましょうか？」

「○○は出張しており、来週の火曜日までお休みです。いかがいたしましょうか？」

担当者が不在の際、お客様に伝えるべき情報は何でしょうか。それは「なぜ電話口に出られないのか」と「いつ席に戻るか（電話口に出れるか）」という二つの点です。そう考えると、一番目の「北海道の建設予定地の視察」といった細かい情報は必要ないとわかりますね。もし、電話の相手がライバル会社の人間だったらどうでしょう。「そうか、この会社は北海道にビルの建設を予定しているのだな、それならこちらも対抗策で…」となるかもしれません。不必要な情報を流すことによって、会社の不利益を生みかねないのです。

こういった場合は二番目の答え方のように**「出張中である」「来週の火曜日に出社する」という、最低限の情報だけをお客様にお伝えするのがいいでしょう。**

では、三番目の答え方はどうでしょうか。この答え方は「来週の火曜日までお休みです」という部分が間違いです。なぜなら、出張は仕事ですので休みではありません。また、「お休み」という言い方も適切ではありません。

最近は、休みをとっている従業員について、

「申し訳ありませんが、○○はお休みをとっております」

というように、「お休み」と言う人が増えています。しかし、休みをとっているのは身内である従業員ですから、その休みに「お」をつけると尊敬表現になってしまいます。また、「火曜日までお休みです」という言い方では、火曜日には出社するのか、火曜日までは休みをとっているのかがわかりにくいですね。こういった場合は、**「火曜日に出社いたします」「○○日には出社いたします」**といった表現にしましょう。

上司の家族から電話があったときは？

会社にかかってくるのは、仕事の電話ばかりとは限りません。ときには社員の家族からの電話もありますね。

もし、上司である部長のAさんが不在のときに、奥様から電話がかかってきたとします。あなたならどんな対応をしますか。

「申し訳ありませんが、ご主人様はただ今外出なさっています。お戻りになりましたらご自宅にお電話させましょうか？」

「申し訳ありませんがAはただ今席を外しております。いかがいたしましょう？」

「部長は会議に入っていらっしゃいますが、30分ほどでお戻りになります。いかがなさいますか？」

社員の家族からの電話では、敬語の使い方に注意しなくてはいけません。これがお客様からの電話であれば、身内である部長のことをへりくだった表現で話します。その答え方が、二番目の「ただ今席を外しております」です。しかし、相手は部長の家族です。いわ

×
青木は席を外しております
ヨビステニ
シナイデヨ

家族からの電話の答え方

CHECK POINT!

×「ご主人様はただ今外出なさっています」

×「Aはただ今席を外しております」

⇓

○「部長は会議に入っていらっしゃいます」

ば会社にとっても身内ということになります。こんな場合は、社内で話すときと同様に、部長に敬意を払った話し方をしなくてはなりません。

したがって、正しい言葉遣いがされているのは、三番目だけです。

「一番目の話し方も部長に敬意を表しているのに、なぜ正解じゃないの?」と思った人はいませんか。そんな人は例文をよく見直してみてください。そこには二つの間違いが隠されています。

まず、「ご主人様」という言い方。電話を受けているのは会社ですから、こうした場合はいつものように「A部長」というのが正しいのです。

そしてもう一つは「お電話させましょうか?」という部分です。勝手に「電話させましょうか?」と判断するのは賢明ではありません。必ず**「いかがいたしましょうか」**と相手に判断を委ねるべきです。また、「させましょうか」という言い方では、自分より部長のほうが格下のように感じられます。言い換えるのなら「お電話を入れていただくようお伝えしますか?」となります。さらに、部長が席に戻り、奥様から電話があったことを伝えるときは、「奥様からお電話がありました」ではなく、**「ご自宅からお電話がありました」**と伝える心配りが必要でしょう。

担当以外の問合せでも「こちらの部署ではお受けできません」はNG

お客様から問合せの電話があったときは、迅速かつ的確に担当者に電話をつなぐことがとても大切です。さんざん話を聞いてから「それは〇〇〇が担当ですので」と言われ、次の部署に電話を回されたお客様のことを考えてみましょう。次に電話を取った相手に、「あの、今日お電話したのは〇〇の件で伺いたいことがあったからです。実は先日購入した〇〇が…」

と、また一から話を始めなくてはいけません。簡単に説明ができることならまだいいのですが、こみいった事情だったら最悪ですね。

話を聞いているうちに「これは担当が違うな」とわかったら、素早くお客様にそれを伝え、どこに電話すればいいか、どこに電話をつなぐかをご案内しなければなりません。

では、お客様の話を伺ったところ、別の部署が担当する内容だったため、違う番号にかけなおしてもらうことになりました。お客様にどう伝えたらいいでしょうか。

「申し訳ありませんが、〇〇に関してはこちらの部署ではお受けできません。今から申し

上げる番号におかけ直しください」

「お話の途中で申し訳ないのですが、○○に関しては△△という専門の部署がございます。今からそちらの部署の電話番号をご案内いたしますので、お手を煩わせて恐縮ですが、おかけ直しいただけますでしょうか？」

「恐れ入りますが、○○に関するお問合せは、××の××番にお願いできますか？」

この三つの答え方は、文法的には間違ってはいません。しかし、お客様が受ける印象はまったく異なるでしょう。たとえば一番目の「こちらの部署ではお受けできません」という言い方はとても否定的です。お客様からすれば、拒絶されたような気持ちになるでしょう。また「おかけ直しください」という言い方も一方的です。

その点、二番目の答え方は全体的に柔らかで優しい印象を受けます。**「お話の途中で申し訳ないのですが」**や**「お手を煩わせて恐縮ですが」**のように相手を思いやる言葉をはさむことで、ぐっと腰の低い案内になるわけです。

三番目の答え方は、思いやりを感じられず、「さんざん話させておいてから、担当が違うとはどういうつもりだ！」と怒鳴られる可能性大です。

クレーム電話で担当者が不在なら

誰でもクレームの電話は「取りたくない」と思うものです。クレーム対応の専門書やセミナーがあるほどですから、よほど熟練した対応が必要とされるとなれば、敬遠したくなる気持ちもわかります。

しかし、どんなに怒鳴り散らされたとしても、電話の中から相手が飛び出してきて暴力を振るうことはないのですから、冷静な気持ちで対応するように心がけましょう。

さて、クレーム電話を受けたけれど、あいにく担当者が不在の場合、「申し訳ありません、担当者はただいま外出しております」という言葉に続けて、どんなことを言えばいいでしょうか。

「代わって私が伺いますので、どうぞお話しください」

「私、同じ部署の○○と申します。一応私が伺っておきます」

「私、同じ部署の○○と申します。もしよろしければお聞かせ願えませんでしょうか？」

クレームの電話を入れてくるお客様は、少なからず胸に不満を抱えています。「担当者が不在」となれば、さらにいらだたしく思うことは想像に難くありませんね。だからこそ、ここはできる限り丁重な言葉遣いを心がけなくてはいけないのです。

一番目の「私が伺いますので…」は、まず最初の「私」という部分が間違いです。電話でいきなり「私」と言われても、相手は誰のことかわかりません。必ず自分の部署と氏名を名乗るのが礼儀です。また、「伺いますので、お話しください」という言い方からは謝罪の気持ちが感じられません。たしかに詳しい話を聞かない時点ではどちらに落ち度があるかわかりません。しかし、お客様を不快な気持ちにさせたのは確かなのですから、「わざわざ電話をかけさせてしまって申し訳ない」という気持ちが伝わるような言葉を選びましょう。

二番目の「一応私が伺っておきます」という言い方も問題ありです。「一応」には「十分とはいえないけれど、とりあえず」という意味があるので、お客様に対してかなり失礼な言葉といえるでしょう。

正しい応対は三番目。**きちんと自分の所属と氏名を名乗り、なおかつお客様の話を「聞いてやる」という態度ではなく、「聞かせていただきたい」としているところがポイントなのです。**

クレーム電話は最初の対応がカギになる

お客様から、「お宅の〇〇（商品名）のことで電話したんだけどね」と怒った口調で電話がかかってきたとします。さてこんなとき、最初になんと言うのがいいでしょう。

「この度はお買い上げいただきありがとうございます」

「はい、何か問題がございましたでしょうか？」

「はい、クレームのお電話でしょうか？」

電話をかけてきた相手が感情的になっていると、受けたほうも気持ちが高ぶってつい、

「いかがなさいましたか？」

「〇〇の商品に何か不都合がございましたでしょうか？」

などとあわてて言ってしまうことがあります。しかし、先方はまだ「〇〇のことで電話をした」としか言っていませんから、こちらが勝手に「クレームの電話だ」と決めつけてしまうのは賢明ではありません。このような対応をすると「やっぱりこの会社の商品は欠陥が多いんだ」とか、「この商品はクレームが相次いでいるのだな」というように、痛く

ない腹を探られてしまいます。

また、「クレームのお電話…」などという言い方は言語道断です。クレームという言葉は一般的に「苦情」という意味ですから、お客様に喧嘩を売っているようなものでしょう。

若手の社員がたびたび苦情の電話をかけてくる相手に、

「クレーマーの方でいらっしゃいますか？」

と言ったという記事を雑誌で見たことがありますが、これではさらにクレームを生みかねません。自殺行為といってもいいでしょう。

こんなときこそ落ち着いて、商品を買っていただいたことに対してお礼を言いましょう。

「お買い上げいただき…」のほかにも、

「毎度ありがとうございます」

「ご愛顧いただきありがとうございます」

「ご利用いただきありがとうございます」

といった表現があります。

最初に「ありがとうございました」と礼を言われると、お客様の怒りの感情もふっと和らぐ効果もあるのです。

クレーム電話では「そんなはずはございません」と相手を責めない

一昔前まで、パソコンは一部の専門職の人が使うものでしたが、現在では幅広い層の人たちに使われるようになりました。「誰でも簡単に使える」「初めてでも安心」などのキャッチフレーズのソフトも数多く販売されていますが、いくら操作が簡単といっても、素人の手に負えなくなることもあります。

お客様から「取扱説明書どおりにやっているのに、ちっとも動かないんですけど…」と電話がかかってきたとします。その場合はどんな応対をすればいいでしょう。

「そんなはずはございません。取扱説明書の通りに操作すれば作動いたします」

「取説の○○ページをよくお読みになりましたか？」

「私どもの説明が不足していたため、お客様には大変ご迷惑をおかけしました」

では一番目の答え方から考えてみましょう。この例文の問題点は、お客様を責めているということです。お客様は必死で取扱説明書を読み、慣れないながらも一生懸命に操作し、それでもどうしていいかわからなくなって電話をかけてきています。そこで「そんなはずはございません」と否定の言葉を投げつけられたら、どんな気持ちになるでしょう。普通なら「二度とこの会社の商品は買ってやるものか！」と思うはずです。

クレームの電話はお客様の気持ちに添うことが一番大切ですから、開口一番否定するなど、もってのほかです。

二番目の答え方も同様で、「きちんと読んでいないからわからないんじゃないですか?」と相手を責めているように聞こえます。また、取扱説明書のことを「取説（とりせつ）」と略語で話しているのもいけません。略語を使う習慣のない人は意味を理解できない場合もあるので、きちんと「操作方法の手引き」「使い方のご案内」のように、取扱説明書のタイトルを伝える必要があります。

では三番目の答え方はどうでしょうか。辞書のように細かい文字でびっしりと専門用語が書かれた説明書に対して**「説明が不足しており…」**という答え方は矛盾しているように思えますが、この場合の対応で適切なのは三番目の答え方なのです。

なぜなら、お客様が読んでわからないような情報では、まだまだ説明が足りないと考えられるからです。

クレームのときはお客様に抵抗しない

「商品の使い方がわからない」「商品が届かない」「届いた商品が違っていた」「従業員の態度に腹が立った」など、クレームの種類はさまざまです。しかし、どんなクレームであっても、お客様の立場になり、お客様の気持ちに添って、少しでも不快な気持ちを解消するために努力しなくてはなりません。クレームの内容によっては、お客様に落ち度がある場合もあります。そのため「ヘタに謝ってこっちに責任を負わされてはいけない」という気持ちばかりが先行してしまい、

「そんなはずはないのですが…」

「お客様のようにおっしゃる方は初めてです」

このように、相手を責めるような人もいます。しかしこれらの発言は、ただでさえ満足しない人を腹立たしい状態にするだけです。非がどちらにあるかはとりあえず置いておき、まずはお客様の話をじっくり聞き、お客様の気持ちを受け入れることから始める必要があるのです。

では、お客様から「商品が到着したけれど、箱を開けたら中身が壊れていた」という連絡が入ったとします。こんな場合、どんな対応をすべきでしょうか。

「どの部分が壊れているかを詳しくお聞かせ願えますか？」

と、商品の破損状況を聞いて、今後の参考にする。

「配達業者は乱暴に扱っていませんでしたか？」

と聞き、どの時点で壊れたのかを調査する。

「お怪我はございませんか？」

と、お客様の心配をする。

注文した品が送られてきて箱を開けるときは何だかワクワクしますね。「今日届くか、明日届くか」と楽しみにする人もいるでしょう。しかし、その商品が壊れていたのですから落胆は大きいはず。

そんなときに、担当者がどこが壊れていたか、配達業者の扱いがどうだったかなど商品のことばかり気にしていれば、お客様はさらにがっかりしてしまうでしょう。**商売はお客様があってのものです。まずお客様の様子を心配することが大切なのです。**

商品の使い方がわからないぞ
×
そんなはずありません

クレームへの対応の仕方

CHECK POINT!

「そんなはずはないのですが…」

⇓

非がどちらにあるかはとりあえず置いておき、まずはお客様の話をじっくり聞く

自分で判断できない要求は「上司に相談してから」と答える

仕事にはそれぞれ担当者がいますが、その人が全責任を負っているかといえば、そうとは限らず、最終決済は上司というパターンが一般的です。そこで、細かな調整ですむことは担当者レベルで判断できても、金額に関わるような大きなことは上司に指示を仰がなくてはなりません。

では、お客様から「割引率をもう少し上げてほしい」という要望があったとします。そんな時はどう答えるのが適当でしょうか。

「申し訳ありませんが、私ではお答えしかねます。至急上司に相談いたしまして、改めてご連絡申し上げたいのですが、いかがでしょうか？」

と、まず自分では判断がつかないことをハッキリ伝える。

「かなり難しいと思いますけど…もしよろしければ○○（上司の名前）に直接交渉していただけませんか？」

と、上司と直接交渉してもらうように頼んでみる。

「かしこまりました。やれるだけやってみましょう」

と、いったんはお客様の要望を受け、上司に相談してみる。

自分だけで判断できない問題が発生したときは、まず、お客様に「自分では判断がつかない」ということを伝えなくてはなりません。三番目のように安請け合いをすれば、相手に期待を持たせることになってしまいます。結果がOKと出ればいいのですが、上司が首を縦に振らなかった場合は「この担当者は何をやっているんだ？」、「安心して仕事を任せられない」と不信感を持たれてしまいます。わからないことはわからない、判断できないことは判断できないと、きちんと伝えなくてはいけません。

また、二番目のように最初から弱腰なのも考え物です。判断するのは上司ですから、「かなり難しいと思います」というような推測を言うべきではないでしょう。また、お客様に「上司に直接交渉…」というのも問題です。これでは担当者がいる必要性がなくなってしまいます。

適切な答え方は一番目。この答え方のポイントは、**「至急上司に相談して」**という部分です。**たとえ自分では判断がつかないことでも、要望に対しては誠意を持って迅速に対応する姿勢は、お客様からの信頼を深めるでしょう。**

従業員の自宅住所を聞かれたときは？

Ａ氏が不在の時、Ａ氏の友人Ｂと名乗る男性から電話が入りました。電話を受けたのはＡ氏の部のＣ子さんです。

Ｂ「悪いんだけど、Ａさんの住所教えてくれないかな？」

Ｃ「自宅の住所でございますか？」

Ｂ「うん。Ａさんにはいつも世話になっているから、お歳暮を送りたいんだよ」

Ｃ「Ａは30分ほどで戻りますので、直接お尋ねくださいますでしょうか？」

Ｂ「いや、お歳暮を送るといえばきっと遠慮するから、内緒で送りたいわけ。あなたは同じ部なんだから住所くらい知ってるでしょ。教えてよ」

なんとも胡散臭い相手ですね。最近は、あの手この手で個人情報を聞き出そうとする業者がいます。そのため本人の許可なしに携帯電話の番号や自宅の住所などを教えてはいけません。

では、Ｃ子さんはなんと言って断ればいいのでしょうか？

「個人情報を他人には教えるなと、会社から言われておりますのでお断りします」
「誠に申し訳ございませんが、会社の規定でそのようなご質問にはお答えしかねます」
「何度聞かれてもお答えできないものはお答えできません!!」

電話は相手の顔が見えませんから、相手が「私は○○です」と言えばそれを信じるしかありません。だからこそ、電話の対応は慎重にしなくてはならないのです。

個人情報を記載した名簿を売買するような業者には十分注意が必要ですが、「自宅住所を教えてほしい」という相手がすべてそういう人とは限りません。本人が言うとおり従業員の友人というケースもあるので、この場合は相手が誰だろうと失礼のないよう、二番目のように**「会社の規定なので」と前置きしてからハッキリ断るのがいいでしょう。**一番目も同様に「会社の決まり」を前面に出していますが、「他人に教えるなと言われているので」では、相手に対して失礼です。

また、三番目の断り方は感情的になり過ぎです。ビジネスの場では、どんな場合でも冷静さを失わずに行動しなくてはいけません。**どんなに胡散臭い相手であっても、敬語を使い、電話を切るときには「失礼します」と挨拶を忘れないようにしましょう。**

相手の名前を聞くのに「お名前を頂戴できますでしょうか」はバツ

電話で伝言を頼まれたときは、誰からどんな内容の連絡があったかをきちんと聞き、間違いなく伝えることです。特に「誰から電話をもらったか？」という部分は重要なので、聞き間違いや聞き漏らしは許されません。

では、相手が名乗らなかった場合は、どのように聞くべきでしょうか。次の三つの例文の中から選んでください。

「あの、どちら様でしょうか？」

「お名前を頂戴できますでしょうか？」

「失礼ですが、お名前を伺ってもよろしいでしょうか？」

どれも、オフィスではよく使われる言い方なので、すべて正解のように思えますが、厳密には正解は一つだけです。

まず、一番目の「どちら様でしょうか？」ですが、文法的な間違いはありません。しかし、そっけなさや高圧的な印象がありますね。敬語が正しく使われていても、聞き手が敬

お名前を頂戴できますでしょうか？
ヤラネーヨ!!

相手が名乗らなかった場合は?

CHECK POINT!

✕「あの、どちら様でしょうか?」

✕「お名前を頂戴できますでしょうか?」

⇓

○「失礼ですが、お名前を伺っても
よろしいでしょうか?」

意を感じ取れないような敬語は適切ではありません。

また、二番目の「お名前を頂戴できますでしょうか?」は一般的によく使われるフレーズで、会社によってはこの聞き方を使うようにマニュアル化しているところもあるといいます。しかし、「頂戴する」は、「もらう」ことをへりくだっていう言葉で、

「表彰状を頂戴する」

「お気持ちを頂戴する」

のように使うものです。名前を教えてもらうことは名前をもらうこととは異なりますから、正しい聞き方は、

「恐れ入りますが、お名前をお聞きしてもよろしいでしょうか?」

「失礼ですが、お名前を教えていただけますでしょうか?」

となるのです。名前は、人に差し上げたりもらったりすることはできないと考えればわかりますね。

したがって正解は三番目の聞き方です。

第三章

心のこもった言葉と敬語

セールス電話を断るなら「外出いたしますので」が最適！

忙しいときにかかってきたセールス電話ほど困るものはありません。最初のうちは丁寧に対応していても、あまりにしつこいなセールスだとムッとすることもありますね。さて、そんな迷惑なセールス電話は、どうやって断ればいいでしょうか。

「セールスはお断りなんです！」

「こういう電話は困ります、二度とかけないでください！」

「恐れ入りますが、今後のお電話はご遠慮申し上げます」

「結構です」「必要ありませんので」と言っても、しつこく食い下がるセールス電話には、無言で受話器を置きたくなりますが、相手も仕事と思えば、つれない態度もとりにくいものです。また、あまり強い口調で電話を切ると、自分も気分が悪くなります。感情に流されて声を荒らげてしまうような対応は避けたほうがいいでしょう。

そこで、好ましい答え方は三番目の**「今後のお電話はご遠慮申し上げます」**となります。

また、とりあえず電話を切るために、

「申し訳ありませんが、他の電話が入ってしまいました」
「申し訳ありませんが、これから外出いたしますので」
「申し訳ありませんが、（来客）の予定がございまして」
「申し訳ありませんが、ただいま取り込んでおりますので」

といった断り方もスマートです。再度かけてくる可能性はありますが、毎回このような気のない対応をしていれば、先方も諦めてくれるかもしれません。

また、もうワンランク上の断り方で、

「せっかくお電話いただいて申し訳ないのですが、ご希望には添いかねます」
「私とはご縁がないようで、申し訳ありません」

という表現もあります。

敬語には「相手を敬う」という働きと、「相手と適度な距離をとる」という二つの働きがあります。セールス電話を撃退する場合に敬語を活用すれば、相手に距離感を感じさせることもできるわけです。

間違って別の人に取り次がれたら「改めてお取り次ぎ願えませんか」と頼む

会社の電話は、個人個人が番号を持っているわけではなく、大代表や直通の電話があり、そこから担当者へと取り次がれるのが一般的です。

会社にはたくさんの電話がかかってきますから、時には違った相手に取り次がれるケースもあります。

たとえば、購入した商品について問い合わせたいことがある場合など、「○○の担当の方をお願いします」と頼んだのに、電話に出たのは別の課の人で、しかも状況がわかっていないのか、なかなか担当者に電話を取り次いでもらえないとします。こんな場合はどう言えばいいでしょうか。

「私はさきほど電話に出られた方に、『○○ご担当の方をお願いします』と申し上げたはずですが」

「失礼ですが、あなたではなく、○○の担当者をお願いしているんですが…」

「恐れ入ります。○○ご担当の方に改めてお取り次ぎ願えませんでしょうか?」

電話を取った側がすぐに気がつき、電話を回してくれるのがベストですが、そうでない場合はきちんとこちらの要望を伝えなくてはなりません。しかし、そのときも、相手を責めるようなニュアンスの言い方は避けるべきです。

一番目の「申し上げたはずですが…」は言葉遣いこそ丁寧ですが、「私はちゃんと言いましたよね！」という非難が感じられます。

間違って電話を取ることなど誰にでも起こるミスなのですから、目くじらを立てては大人気ないでしょう。

また、二番目の「あなたではなく」という言い方も、真っ向から相手を否定しているように聞こえます。「あなた」は本来、上位の人に対して使われる人称代名詞でしたが、現在は対等か下位の人に対して使われるようになっているので、気をつけたほうがいい表現です。

したがって正解は三番目となります。**自分がお客の立場ということで、つい強い口調になる人がいますが、品格に欠けるといえます。上位の立場であるお客の側が敬語を使うことによって、会社はさらに丁寧な対応をするようになるものです。**

携帯電話に「ちょっとだけよろしいでしょうか」は不可！

ここ十年ほどの間で携帯電話の普及率は爆発的に伸びました。それまでは、あちこちを忙しく飛び回るビジネスマンなどが使う特別な通信機器でしたが、最近では、小学生の子どもが安全のために持ったり、ご年配の方が離れて暮らす家族との連絡や、趣味のお友達とのコミュニケーションなどに活用されることも多いようです。高校生に至っては、携帯電話を持っていない子を探すのが難しいほどでしょう。

いつでもどこでも通話ができる携帯電話はとても便利なものですが、その反面、使う人のマナーが問題になってきます。

電車の中で大きな声で仕事の話をしているビジネスマンがいますが、そういった人を見かけると、モラルを疑うと同時に「誰が聞いているかわからない電車の中で仕事の話をしていいのだろうか？」と心配になってしまいます。

また、プライベートな会話まで聞こえてしまうので、個人の情報が漏れることにもなります。

さらに、相手の携帯にかけた場合は、相手がどのような場所にいるかわからないので、確認をしなければなりません。

「今、ちょっとだけよろしいでしょうか？」

「外出先にまでお電話して申し訳ありません。○○の件で急いで確認したいことがありまして…。今、よろしいでしょうか？」

「急用でご連絡いたしました。いまメモを取ることが可能でしょうか？」

携帯電話はどこでも通話できるという利点がありますが、電話をかける側には、相手が今どこでどんな状態でいるかはわかりません。ですから、最初に**「今、通話が可能かどうか」**を聞くのがマナーです。

一番目の言い方は一般的によく使われるものですが、「ちょっとだけよろしいでしょうか？」といきなり言われても、用件がわからなければ返事のしようがありません。緊急の要件ならば多少無理をしてでも通話を続けるけれど、もう少し時間を置いてもいい用件なら折り返しかけたいという場合もあるでしょう。そこで、手短に「○○の件で」という一言はとても大切なのです。

その点、二番目の話し方は、きちんとそれを伝えています。また、**「外出先までお電話**

して申し訳ありません」のフレーズは、携帯電話に連絡するときの常套句なので覚えておきましょう。

そして、三番目の言い方ですが、メモをとらなくてはならないような内容の連絡は携帯電話には不向きです。

肩と耳で電話をはさみながら、鞄の中からメモ帳を取り出し、なおかつ騒がしい人ごみの中でメモするのは至難の業です。こういった場合は、その場でメモを取ってもらうのではなく、

「メモを取っていただきたいことがあるので、大変申し訳ないのですが折り返しお電話をいただけますか?」

「メモを取っていただきたいことがあるので、再度ご連絡いたしたいと存じます。ご都合のいい時間をお知らせ願えますでしょうか?」

このように、相手が落ち着いて通話できる状態になるまで待つようにしましょう。

携帯電話に連絡する際は、電話を受ける相手に対する思いやりが大切なのです。

×
ちょっとだけ
よろしいでしょうか？
○
外出先までお電話して
申し訳ありません

まず、通話が可能かどうかを聞く

CHECK
POINT!

×「今、ちょっとだけよろしいでしょうか？」

×「メモを取ることが可能でしょうか？」

⇓

○「○○の件で今、よろしいでしょうか？」

時間に遅れそうになったときは到着予定をはっきりと伝える

社会生活を営むには、さまざまな約束事がありますが、その中でも基本中の基本は「時間を守ること」です。どんな事情があったとしても「遅刻していい」という理由にはなりません。

さんざん人を待たせておきながら悠然と現れ、「いやぁ〜、渋滞にまきこまれちゃって、参りましたよ」と、まるで「遅刻したのは道が込んでいたせいで、私の責任じゃありませんよ」というような顔をする人がいますが、こんな態度は言語道断です。渋滞は不測の事態ではありません。道が込み合うことを見越して早めに出発するなり、他の交通手段を利用する方法もあったはずです。**遅刻した場合はどんな事情があったとしても「お待たせして誠に申し訳ありません」と謝罪を述べなくてはいけないのです。**

最近は、多くの人が携帯電話を持っていますので、待ち合わせの時刻に遅れそうなときは、途中で連絡を入れておくのがいいでしょう。

たとえば、知人の家に3時に伺う約束をしていましたが、バスが渋滞に巻き込まれて遅刻しそうです。こんなときは何と伝えたらいいでしょうか。

「大変申し訳ないのですが、バスが渋滞に巻き込まれております」に続けて言うのに適切なフレーズを、次の例文の中から選んでください。

「かなり遅れてしまいそうですが、よろしくお願いします」

「いま○○のバス停を通過しましたので、あと○○分くらいかかると思います。お時間はよろしいでしょうか？」

「到着が3時○○分ころになりそうです。それまでお待ちください」

人を待っている時間はなぜか長く感じるもの。そこで、遅刻しそうなときに予め電話を入れるのは適切な行動です。あとどのくらい待てばいいかがわかると、その後の予定を見直すこともできますし、「じゃあ、相手が到着するまでに○○をやっておこう」というように時間を有効に活用できます。**そのためには「おおよそどのくらい遅れるか？」を具体的に伝える必要があるでしょう。**

一番目の「かなり遅れてしまいそうですが」は、「かなり」という時間の長さの解釈が人それぞれで、わかりにくいものです。もしかしたら30分かもしれませんし、1時間かもしれません。そうなると、やはり「そろそろかな、まだかな？」と時計を睨んで、そわそわ落ち着かなくなってしまいます。およそでかまわないので、到着時刻を伝えるべきです。といっても、到着時刻を正確に予測できるわけではないので、

「どのくらい遅れるのか現段階ではわかりませんので、あと10分したら、またお電話します」

このように、こまめに連絡を入れるようにします。経過がわかるだけでもイライラはぐっと少なくなるはずです。

二番目の言い方は**「いつごろ到着しそうか」**が具体的に提示されています。また、**「いま○○のバス停を通過しましたので」**のような報告は、時間だけでなく距離としても状態を把握できるのでとても有効です。さらに、待っている相手の都合にも心を配っているので完璧な話し方といえます。

三番目の言い方は、具体的に到着時刻を提示している部分はいいのですが、最後の**「それまでお待ちください」**の部分が失礼です。このような場合は**「お待ちいただけますか?」**のように、相手にお伺いを立てる形で話すのがいいでしょう。

訪問先で「おトイレに行きたいんですけど」はいけません

「出物（でもの）腫れ物（はれもの）所嫌わず」ということわざをご存じですか。できものや屁は場所や時間にかかわらず勝手に出てしまうということで、「トイレに行きたくなる」という意味でも使われます。

よそのお宅にお邪魔するときは、できる限りトイレを使わないのが礼儀ですが、「トイレに行きたい」という欲求は自然現象ですから、長時間お邪魔したり、食事などをご馳走になった場合は仕方がないでしょう。

では、この「トイレに行きたい」ということを相手に伝えるとき、どんな言い方が適切でしょうか？

「恐れ入りますが、洗面所をお借りできますでしょうか？」
「申し訳ありませんが、お便所はどちらでしょうか？」
「すみません、おトイレに行きたいんですけど…」

英語で「トイレに行きたい」という事を婉曲に表現すると「Nature calls me（自然が

私を呼んでいる)」といいます。ウィットにとんだ洒落た言い回しですね。

トイレは下(しも)に関することなので、できるだけ遠まわしな言い方をするのが好ましいでしょう。ですから、「トイレ」という単語は使わず、「お手洗い」「化粧室」「洗面所」のような呼び方にするほうが無難です。

その点で一番目の言い方は合格。また、「トイレに行きたい」という気持ちをストレートに表現せず、**「洗面所を拝借する」**という表現に代えているので奥ゆかしさを感じます。

二番目の言い方は、「トイレはどこか?」と、相手がトイレを貸してくれることを前提に話している点が問題です。もちろんトイレに行きたい人を目の前にして「使ってはダメです」と言う人はいませんが、せめて**「お借りしてもよろしいでしょうか?」「お借りできますか?」**のような聞き方が好ましいでしょう。また、「お便所」という言い方も直接的過ぎるので、別の言い方を用いるほうがいいわけです。

三番目の言い方は幼稚な感じがします。また、「おトイレ」という言い方は厳密にいえば正しくありません。「トイレ」は「トイレット」の略なので元は外来語です。「おコーヒー」「おワイン」のように外来語に「お」はつけないので、別の呼称を使うべきでしょう。

できるだけ遠まわしな言い方を

×「お便所はどちらでしょうか?」

×「おトイレに行きたいんですけど…」

⇓

○「洗面所をお借りできますでしょうか?」

お茶だけ出すときの常套句は？

あらたまったお客様を自宅に招くときは、飲み物と茶菓子を準備しておくのが礼儀です。しかし、突然の来客にはなかなか対応できないものですね。そんなときは、お茶だけを出しても失礼にはなりませんが、ある言葉を添えるとぐっと品格が高まります。日本独特の言い回しなのですが、それは次のうちどれでしょう。散歩の途中で、手ぶらで立ち寄ったお客様という設定で考えてみましょう。

「粗茶ですが、どうぞ」

「すぐ茶菓子を準備いたしますので、先に召し上がってください」

「空茶ですが、どうぞ」

他家を訪問するマナーの一つに、「連絡なしに訪問した場合は、玄関先での挨拶だけで失礼する」というものがあります。突然誰かに来られれば、掃除ができていない場合もありますし、外出の予定が入っているかもしれません。そんな状態で図々しく上がりこみ、先方に迷惑をかけてはいけないということなのです。しかし、相手が「ぜひお上がりください」と強くすすめた場合は、この限りではありません。

さて、お茶を出すときに添える言葉ですが、「粗茶ですが…」はけっして間違いではありません。「粗茶」とは他人にすすめるお茶をへりくだって言ったものですから、茶菓子が添えられている場合でも用いることができます。

「すぐに茶菓子を…」は好ましくありません。他家を訪問するマナーには「手土産（茶菓子）を持参する」というものがあるので、これでは手ぶらでやってきた相手を責めているようにも聞こえます。

「空茶（からちゃ）」というのは、茶菓子がなく茶だけを出すという意味なので、このシチュエーションにはピッタリの言葉です。こういった言葉がすっと出ると「なんて品のいい人なんだろう」「教養があるな」と感じてもらえるかもしれません。

ちなみに、お客様から頂いたお菓子などを出すときには**「お持たせで恐縮ですが…」**という一言を添えるのが礼儀です。本来、頂戴したお菓子はその家の人が頂くべきもので、お客様に出す必要がありません。しかし、準備がないときには、この一言を添えれば出してもいいとされているのです。

借金を断る場合は「お力になれず」がいい

どんなに面倒見がよくても、「借金だけは勘弁してほしい」という人は多いものです。ちょっとした食事代や交通費など小額の立替えは別としても、本格的な借金の申し入れや、何かの保証人になってほしいと言われたら、よほど懐に余裕がある人以外は、正直いって困惑してしまうでしょう。

さて、以前勤務していた会社でお世話になった先輩から「折り入って相談がある」と連絡がありました。話を聞いてみると、「事情があってお金が必要になった。10万円ほど貸してもらえないか」とのこと。こんな時はどうやって断るのがいいでしょうか。

「お力になれず、申し訳ありません」

「あいにく、私も持ち合わせがございません。お役に立てず残念です」

「正直言って、私には無理です」

借金は、申し込むほうも申し込まれるほうも気分のいいものではありませんね。図太い神経の持ち主でもなければ、人に借金をお願いするのは大変に勇気のいることです。そこで、同じ断るにしても、できるだけ相手を傷つけないような言葉を選びたいですね。

一番目の**「お力になれず」**は、**「助けることができず」**を尊敬語に直したものです。それに**「申し訳ありません」**という謝罪の言葉を足した、丁寧なお断りの常套句ともいえるでしょう。

「今度の歓送迎会で何か皆を笑わせるような出し物を頼めないかな？」

と宴会の幹事から頼まれたときに、

「実は私、人前に立つのが苦手なんです。お力になれず申し訳ありません」

このように使うこともできます。いろいろなシーンで使えるので、覚えておくと便利ですね。

二番目の**「持ち合わせがございません」**の**「持ち合わせ」**とは、所持金の遠まわしな言い方です。「お金がないので」という言い方はあまりに直接的で品格に欠けるため、この言い方は好感が持てます。「お役に立てず」は「お力になれず」と同意です。

三番目の言い方は間違いとは言い切れませんが、あまりに救いがないような気がします。

「正直申し上げて、私にはかなり難しいです」などの言い方なら問題はないでしょう。

手料理の感想を聞きたいなら「お口に合いましたでしょうか」

雰囲気のいいレストランで食事をするのもステキですが、ときには自宅で手作り料理のホームパーティもいいものです。プロの腕にはかなわなくても、手料理には家庭の味があります。また、誰かのためにこめて作ったお料理には、レストランでは味わえない温かみがありますね。

さて、A子さんは日頃からお世話になっている上司や同僚を自宅に招いて、ホームパーティを開きました。料理にはそこそこ自信のあるA子さんは、皆が食事をしている姿を見て、ちょっと料理の感想を聞いてみたくなりました。こんな場合に、

「おいしいでしょうか？」

と尋ねる人がいます。

家族や恋人に「おいしい？」と聞くことはよくあるでしょうが、このケースでは、「おいしいでしょうか？」は、やや奥ゆかしさに欠けます。この聞き方には「私の作った料理は絶対においしいはず」といったおごりが見え隠れします。もう少し謙虚に**「味付けはい**

かがでしょうか?」程度にとどめておいたほうが好感が持てます。

さらに、「舌鼓（したつづみ）を打っていただけたでしょうか?」というのは、もっと「おいしいです」という答えを強要されているニュアンスがあります。なぜなら「舌鼓を打つ」とは、あまりの美味しさに思わず舌を鳴らすという意味で、「美味しい料理に舌鼓を打ちました」のようには使いますが、感想を聞くときには不向きな言葉です。

もっとも適切な言葉遣いは**「お口に合いましたでしょうか」**です。「口に合う」というのは、食べ物の味が好みに合っているという意味なので、「おいしいか、おいしくないか」ではなく「好みに合っているか否か」を尋ねることになります。これなら、尋ねられたほうも答えやすいですね。

また、感想を求められた側も言葉遣いには注意が必要です。たまに「けっこう美味しいです」と答える人がいますが、「けっこう」は「十分ではないが、ある程度要求に応えられている」という意味なので「そこそこ美味しいです」と言っているのと同じです。手料理をご馳走になったときは**「とても美味しいです」「美味しく頂戴しています」**と答えるのが礼儀です。

借りたものを傷つけたときは「私の不注意で」と謝罪する

ベビーベッド、ポップコーンマシーン、振袖、スーツケースなど、最近では使う期間が限られているものをレンタルする人が増えているといいます。たしかに、そういったものを購入したところで、使い終わってしまえば無用の長物。捨てるわけにもいかず、置き場所にも困ってしまいますね。また、「借り物ですます」ことは無駄を省くという意味から、地球環境にも優しいのかもしれません。

さて、友達同士でキャンプに出かけることになったAさんは、先輩から寝袋を借りました。しかし、ついうっかり木の枝に布地をひっかけて傷をつけてしまいました。こんなとき、どんなふうに謝るべきでしょうか。

「せっかく貸してくださったのに申し訳ありません。ちゃんと弁償しますから」

「私の不注意で大切な物を傷つけてしまい、本当に申し訳ありません。修理をさせていただきたいのですが、どのようにしたらいいでしょう?」

「ほんのちょっとの傷ですから、こちらで修理しておきました。お返しするのが遅くなっ

て申し訳ありません」

人に貸したものが壊れたり傷ついたりして戻ってくれば「もうあの人には貸したくない」と思いますね。

それがあまり使わないものでも、気分のいいものではありません。そのため、こういった謝罪は丁寧に越したことはないのです。

「せっかく貸してくださったのに申し訳ありません」は丁寧な言い方ですが、後半の「ちゃんと弁償しますから」はNGです。壊れたら弁償すればいい、という考え方は相手に対して失礼です。この場合は**「弁償させていただけませんでしょうか?」**と言うべきでしょう。

二番目の謝罪は丁寧で好印象です。**「私の不注意で」という反省の気持ちを表している点、寝袋を「大切な物」と言い換えている点、修理についても相手の意向を聞いて指示を仰いでいる点など、どれをとっても合格といえるでしょう。**

三番目は謝罪の方向が間違っています。謝るべきは「返却が遅れたこと」ではなく、「寝袋を傷つけたこと」です。また、人から借りたものを許可なしに修理するのはマナー違反。そして、自分で傷をつけておきながら「ちょっとの傷」などと言うべきではありません。

失礼なことを口にしてしまったらどうする？

『口はわざわいのもと』というように、不用意な発言は人を傷つけてしまったり、思いがけないわざわいを招くことがありますね。しかし、いったん口をついて出てしまった言葉はひっこめられませんから、その後をどうフォローするかが大切になってきます。

Aさんは駅前で数年前に勇退した元上司とばったり出会いました。上司の家には何度か泊めてもらったこともあり、奥様にも大変よくしていただきました。Aさんはその奥様が料理上手だったのを思い出し、「また、奥様がお作りになった肉じゃがをごちそうになりたいです」と言ったところ、上司は悲しそうな表情で、「家内は二年前に他界したよ」と話したのです。愛妻家だった上司に悲しいことを思い出させてしまったようですが、なんと言ってフォローすればいいのでしょうか。適切な言葉を選んでください。

「全然知りませんでした。どうして亡くなったんですか？」
「悪いことを言ってしまってすみません」
「存じ上げなかったとはいえ、失礼しました」

人の死を知らされたときは、誰でもどきっとしますね。特に、亡くなったのが親しくしていた人ならなおさらでしょう。そんな場合は、どぎまぎしてウッカリ発言をしてしまいがちですが、さらに墓穴を掘らないように、きちんとした言い回しを覚えておくといいでしょう。

一番目の「全然知りませんでした」は、驚いたとき、つい口にしてしまうフレーズです。しかし、奥様の死に対して**「全然知りませんでした」**では軽すぎます。また、**「どうして亡くなったんですか？」**はデリカシーに欠けるので控えるべきでしょう。

二番目の「悪いことを言って」は同等の立場の人に対しては使えますが、目上の場合は**「おつらいことを思い出させてしまって申し訳ありません」**のような表現のほうがピッタリです。

したがって、正解は三番目となります。もう少し敬意の軽い、**「知らなかったとはいえ、大変失礼しました」**という言い方でも大丈夫です。それにプラスして**「ご冥福をお祈りいたしております」**が言えればなおいいでしょう。

「ご一存に従います」では反発に聞こえる

会議というのは多くの意見を出し合う場です。結論として、みんなが同じ方向を見て頑張れるような目標を作れるのが理想的ですが、いつも一つの答が出るとは限りません。時には何回も討議をかさねても、平行線をたどってしまうこともあるでしょう。

上の人と意見が真っ向から対立した会議で、最後には責任者に決定してもらうことになったとします。こんなとき、「決めたことに従う」という意思をどのように言葉にしたらいいでしょうか。

「部長がお決めになればよろしいかと存じます」

この言い方は言葉遣いこそ丁寧ですが、とげのある言い方ですね。まるで「部長の勝手にすればいいんじゃないですか？」というようにも聞こえます。自分の意見に情熱を持つことは大切ですが、討議を重ねた上で決定権をゆだねたわけですから、こんな言い方をするのは社会人として未熟です。

「部長のご一存に従います」

ドウカネ？
部長のご一存に従います
部長のご判断に従いたいと思います

責任者に決定してもらうときは

CHECK POINT!

✕「部長がお決めになればよろしいかと存じます」

✕「部長のご一存に従います」

⇓

○「部長のご判断に従いたいと思います」

ではどうでしょう。これもまだ不満を感じさせる言い方です。「一存」とは、「一人だけの考え」という意味ですから、「この答えはあなた一人だけの考えでしょう。みんなは賛成してませんからね」という反発心を暗示しているようにも聞こえてしまいます。

こんな場合はシンプルに、

「部長のご判断に従いたいと思います」

と言うのがいいでしょう。

会議は基本的に自由に自分の意見を述べられる場所です。**「こんなことを言っても仕方ないだろう…」と考えず、勇気を持って発言したいものですね。**小さな意見が糸口になって問題解決に向けて大きな力になる場合もあるのです。

また、「こんなことを質問してバカにされないだろうか?」と、なかなか手を上げられない人もいます。そんな場合は、**「不勉強で申し訳ないのですが」**という枕詞を覚えておくと便利です。

そう前置きしてから話せば、ぐっと質問がしやすくなるでしょう。

ことわざを使ってフォローするときの注意点

他人の間違いを見つけたとき、普通は当事者に「間違っていましたよ」と伝えますね。ただし、間違っていたのが目上の人だと、なんとなく言いづらいものです。でも、間違いをそのままにしておくわけにはいけませんから、きちんと知らせるべきでしょう。

そんなとき、ちょっとしたフォローの言葉があると、お互いに気まずさが消えますが、どんな言葉が最適でしょうか。ことわざを使って考えてみましょう。

「先生がミスをするなんて『猿も木から落ちる』ですね」
「先生がミスをするなんて『河童の川流れ』ですね」
「先生がミスをするなんて『弘法も筆の誤り』ですね」

どれも「どんな達人でも時には失敗することがある」という意味ですが、どうせたとえるなら「猿」や「河童」ではなく、**書の名人として歴史に残る「弘法（弘法大師の略）」がいいでしょう。**人によっては、フォローのつもりが逆効果になることもあるのです。

また、ある事柄をそのまま言い表すのではなく、ことわざや故事などを使って表現するのもなかなか粋なものです。しかし、意味を取り違えるととんでもない大恥をかくので注意が必要です。

たとえば、久しぶりにパーティで一緒になった相手に、

「『縁は異なもの』ですね。またこうしてご一緒できるなんて光栄です」

と言ったとしましょう。本人は「人と人の結びつきは不思議で面白い」という意味で使っているのかもしれませんが、この『縁は異なもの』のもともとの意味は、「男女の縁は常識では考えられないほど不思議である」です。ふつうのシーンでは使うべきではありません。

また、博学な人に向かって、

「さすが、海千山千でいらっしゃいますね！」

などと言うのも失礼です。なぜなら「海千山千」とは、さまざまな経験を積んで世の中の裏も表も知り尽くし、したたかである、という意味だからです。「経験豊富である」「物知りである」の意味と勘違いしている人が多いのですが、ほめ言葉として使ってはいけないということを覚えておきましょう。

✕
さすが、海千山千でいらっしゃいますね
ナニ!?

フォローするときに使えることわざ

CHECK POINT!

先生がミスをするなんて……

⇓

△「『猿も木から落ちる』ですね」

△「『河童の川流れ』ですね」

◯「『弘法も筆の誤り』ですね」

「もう聞いていると思いますが」を尊敬語に直すと？

「仄聞（そくぶん）」という言葉をご存じですか。これは人づてに何かを聞いたり、小耳にはさんだりすることで、

「仄聞するところ、○○の件は…」

というように使います。人に何かを話すとき、

「うわさで聞いたんですが…」

「みんなが話しているのをちらっと聞いたのですが…」

と言うと、なんとなく下世話な感じがするので、「仄聞」という言葉を覚えておくと便利かもしれません。

さて、誰かから情報をもらい、それを別の人に話すとします。その場合、「知っているかもしれませんが」という意味の言葉を前置きにすることがありますね。一般的には、

「もうご存じかもしれませんが」

としますが、別の言い方としては次のどちらが正しいでしょうか。

「すでにお聞き及びのことと存じますが…」

「もうお耳に入っていることと存じますが…」

どちらも、間違っているようには感じられませんが、じつは後者の「もうお耳に入って…」は日本語の使い方が間違っています。

「話して聞かせる」という意味の言葉に「耳に入れる」という慣用句があります。「ぜひお耳に入れたいことがあります」などと使いますが、「耳」と「入れる」を分けて、うしろの「いれる」を「入る」に代えることはできません。

「お聞き及び」は、「人づてに聞いて知る」「以前から聞いて知っている」という意味の言葉ですから、正解です。

また逆に、誰かから「○○について知っている？」と聞かれて「はい」と答える場合は、「存じております」と「存じ上げております」のどちらを使うのが正しいでしょうか。

どちらも**「知っている」**という意味の言葉なのですが、**「存じ上げる」**は人物に対して使われることが主なので、**「存じております」**を使ったほうが無難でしょう。

自分のことは「自分」と呼ぶ?

ある物販店のアルバイト募集の面接で、面接官が応募してきた女性に「なぜうちの店を志望したのですか?」と聞いたところ、「〇子は～、お客様とお話しするのが得意なのでぇ～」と、自分のことを名前で呼んだので驚いた、という記事が雑誌に載っていました。

小さな子どもが「〇〇ちゃんはね～」のように自分のことを言うのはまだわかりますが、働いて報酬を得るほどに成長した女性が、面接というあらたまった場所でこのような言葉遣いをするとは、本当に驚きです。

良識ある社会人であれば、まさかこの女性のように自分のことを「〇〇はね～」のような幼稚な呼び方はしませんが、「僕」という言い方をする人は案外多いようです。

「僕」は「オレ」に比べると丁寧なので、

「お客様、僕がお持ちします」

「部長、ぜひこの企画は僕に担当させてください」

このように、違和感なく口にしがちですが、「僕」という呼称は、一般的に対等または目下の人間にしか使うことができません。また、たとえ年下の人と話す場合でも、**ビジネスのような改まった場では、「わたし」あるいは「私（わたくし）」を使うべきでしょう。**「僕」はいくつになったのかな？」のように、小さな男の子に話しかけるときに「僕」という呼び方をするため、幼稚な印象があります。社会人になったらプライベートでも自分を「僕」を呼ぶのは卒業したほうが無難です。

また、俗に「体育会系」と呼ばれる、運動部に所属する生徒たちや、高校野球の選手などが、

「自分は、チームの団結力を高めるために、できる限り、部員全員に声をかけてきました」

などと話すのを耳にしますね。

しかし、本来は自分という言葉は、

「自分のことは自分でやります」

「自分勝手な行動は慎むように」

というように使うもので、「私」や「僕」の代わりに使うべきではありません。また、若い女性が「うちね～」のように言うのも、ビジネスには不向きです。

お酒のすすめを断るときは「不調法なもので」

新入社員歓迎会、送別会、納会、仕事の打ち上げなど、社会に出るとお酒を飲む機会が増えますね。お酒が好きな人にとっては楽しい飲み会ですが、アルコールに弱かったり、飲めない体質の人は苦痛に感じることもあるでしょう。飲み会に参加するとどうしても酒をすすめられるため、あれやこれやと口実をつけて参加するのを避け続ければ、「あいつはつき合いが悪い」「みんなとなじむ気持ちがない」などという不名誉なレッテルを貼られることもあるので、困ったものです。

では、飲むのが苦手な人はなんと言って断ればいいのでしょうか。

お酒の席でのコミュニケーションは俗に「飲みニケーション」といわれ、仕事の潤滑油のような働きをしているといいます。仕事は一人きりではできませんから、いろいろな人との関わりを深めるためにも、歓送迎会のような節目の飲み会に顔を出すことは大切かもしれません。

ただし、お酒が飲めないことはきちんと相手に伝えましょう。**「いえ、今日はちょっと…」**

「ほんの少しだけなら」のような中途半端な断り方をしていると、相手は遠慮しているのだろうと勘違いして、さらにすすめることになってしまいます。まさに「小さな親切、大きな迷惑」ですね。

しかし、**「酒は嫌いなんです」**と言い切ってしまうのは考え物。酒が好きな人にとっては、自分自身を否定されたような印象を受けるかもしれません。

それに比べると**「申し訳ありませんが、酒は苦手なもので、ご勘弁願います」**という言い方は、謝罪から入っているのでややソフトです。ただし、「勘弁してください」がいただけません。これでは、まるでいじめを受けているような言い方です。

適切な断り方は、

「申し訳ありませんが、実は私、不調法なもので…」

これはお酒を飲めないことを婉曲的に表現した言葉で、「たしなみがない、行き届かない」という意味を持っています。この言い方なら、自分自身が至らないために酒が飲めないといったニュアンスを相手に伝えられるので、断ったとしても角が立たないのです。

結婚式のスピーチで「終わる」「切れる」「離れる」は使わない

「私たちの結婚式でスピーチをお願いできないかしら？」

仲のいい友達や知人からそう頼まれたことはありませんか。おめでたい席で二人を祝福する言葉をプレゼントできるなんて、とてもステキなことですね。しかし、結婚式には新郎新婦の上司や親族なども列席するので、会社の宴会でしゃべるのとは緊張感が違います。「いったい何を話したらいいんだろう？」「つっかえずにちゃんと話せるだろうか？」と頭を悩ませる人も多いようです。

A子さん、B子さん、C子さんは、新婦のD美さんと同期入社の仲良し四人組。同期のよしみで三人は披露宴でのスピーチを頼まれました。三人はリレー方式でスピーチをすることにしたのですが、次の中で披露宴にふさわしい話をしているのは誰でしょう。

「遠距離恋愛だったお二人が本日こうして結ばれて、友人としては嬉しい気持ちでいっぱいです。これからはお二人の甘い新婚生活を心行くまで楽しんでください」とA子さん。

「新郎○○さんの転勤によって離れ離れになってしまったお二人ですが、これからはずっ

と一緒に過ごせますね。本当におめでとうございます」とB子さん。

「○子さん、彼に会えずに寂しかった日々はついに幕を閉じましたね。どうか末永くお幸せに」とC子さん。

スピーチで大切なことは、なんといっても新郎新婦を祝福する気持ちです。それさえあれば大丈夫！と言いたいところですが、結婚式で話す言葉にはいくつかのタブーがあります。それは「忌《い》み言葉」と言われるもので、**「切る」「切れる」「離れる」「去る」「別れる」「流れる」「終わる」「閉じる」「戻る」「落ちる」**などがそれに当たります。これらの言葉は「縁が切れる」**「二人が別れる」「二人の仲が終わる」「実家に戻る」**のように、不吉なことを連想させるため禁句になっているのです。

司会者が「ウエディングケーキを切る」とは言わず、「ウエディングケーキにナイフを入れる」と表現し、「これで披露宴を終わりにします」とは言わずに、「これにて披露宴をお開きにさせていただきます」とするのも、「切る」や「終わる」が結婚式での忌み言葉だからなのです。

B子さんのスピーチ**「離れ離れになってしまったお二人」**には「離れる」という忌み言葉が入っています。

また、C子さんの**「寂しかった日々はついに幕を閉じましたね」**には「閉じる」が含まれています。

したがって、披露宴のスピーチとして適切なのは、A子さんのスピーチのみということになりますね。

若い世代の人たちは縁起を担ぐという習慣が少ないため、「そんな迷信みたいなこと、いちいち気にしていられない」と思うかもしれませんが、日本では古くから「言霊（ことだま）」を信じてきた歴史があります。「言霊」とは、言葉の中にある力のようなもので、良い言葉を使えば良いことが起こり、不吉な言葉を使えば不吉なことが起こるという考え方です。

「そんなの古臭いし、ナンセンス」と思われるかもしれませんが、せっかくのおめでたい席にわざわざ水をさす必要はありません。忌み言葉はインターネットでも簡単に調べることができますし、スピーチ集などの本にも必ず記載されています。

日本語にはさまざまな言葉があるので、上手に表現を変えて、心に残る温かなスピーチをしたいですね。

寂しかった日々は
ついに幕を閉じましたね
トジル……

結婚式でタブーな言葉

CHECK POINT!

「切る」「切れる」「離れる」「去る」

「別れる」「流れる」「終わる」「閉じる」

「戻る」「落ちる」

受付で香典を渡すときに「お納めください」は使わない

不幸の知らせは突然です。結婚式のように前もって予定が立てられませんから、その時になってバタバタしないためにも、社会人なら葬儀のマナーをひと通り覚えておくほうがいいでしょう。

また社会人ともなれば、親類や友人など自分の関係者だけでなく、会社がらみのおつき合いで葬儀のお手伝いをすることもあります。また、会社の代表として弔問することもありますから、失敗のないようにしたいものです。

葬儀の際は香典を持参し、受付でそれを出しますが、その時にどんな言葉と共に渡すのがいいでしょうか。次の中から適切と思うものを選んでください。

「このたびはご愁傷様でございます。どうかご霊前にお供えください」

「このたびはご愁傷様でございます。香典をお持ちしましたので、どうぞご笑納ください」

「このたびはご愁傷様でございます。ほんの気持ちだけですがお納めください」

現在では香典といえば現金ですが、本来の香典は「故人へお香を薫じて供える」という

香典を渡すときの言葉

×「ご笑納ください」

×「お納めください」

⇓

○「ご霊前にお供えください」

意味のものです。それが時代の流れと共に「故人に供えるお香をお求めになってください」という意味から現金に変わっていったとされています。

つまり、香典は相手に納めてもらうものではなく、故人の霊前に供えてもらうものです。そう考えると、三番目の**「納める」**という表現は不適切なのがわかりますね。また、**「ご笑納ください」**は悲しみの席でけっしてロにしてはならない言葉です。「笑って納めろだと？　人がこんなに悲しんでいるというのに、なんて不謹慎な奴なんだ！」と遺族の怒りを買ってしまうかもしれません。したがって適切な言葉遣いは**「お供えください」**となります。

また、香典は渡し方にもルールがあります。ポケットや鞄に香典袋を直に入れておき、受付でごそごそと取り出すのは礼儀に反します。また、汚れないようにと、香典袋を買った時に入っていたビニール袋に包んでおき、そのまま出す人がまれにいますが、これもいけません。正しくは袱紗（ふくさ）に包んで受付でそれを開き、渡す際は名前を相手に向けて差し出します。もちろん、使用する袱紗は地味な色の物にします。

通夜の遺族にはどんな言葉をかければいい？

通夜の席では黙礼が基本です。弔問するということ自体が弔意の表れなので、あえて遺族のところに出向いてお悔やみを述べる必要はないのです。

しかし、遺族がすぐ近くに来たり、先方から声をかけてきた場合には何も話さないのも不自然ですから、こんな時はできるだけ控えめに、言葉少なに挨拶するのがいいでしょう。

さて、長い間重い病気で伏せっていた友人が亡くなりました。その葬儀の席で遺族の方から話しかけられたとします。次のお悔やみのうち、不適切な言葉はどれでしょうか。

「○○さん、最期は病院で亡くなられたのですか？　それともご自宅のほうで？」

「○○さんが元気だった頃、二人でよく夢について語ったんですよ」

「この度は突然のことで、なんと申し上げてよいのか…」

お悔やみの言葉を述べる際に一番大切なのは、遺族へのいたわりの気持ちを忘れないということです。遺族の心の中には死を受け入れたくない気持ちや、故人にもっと何かしてやれなかっただろうかという後悔など、さまざまな気持ちが渦巻いて不安定になっています。そんな時に、故人の死に際についてあれこれ聞くのは論外です。いくら親しい友人だからといって、一番目のように**「どこで亡くなったか」**などを聞いてはいけません。また、病気なのか、事故なのかなどの死因は、たとえ知っていたとしても口に出さないのが礼儀です。

そして二番目の**「元気だった頃」**や**「夢について語った」**という話も控えるべきでしょう。こんなことを聞けば、遺族の悲しみは増すばかりです。思い出話を受け入れられるようになるには時間がかかりますから、こういった話題はしばらく時間が経過し、後日お線香をあげにいった時などにするのが遺族に対する優しさといえるでしょう。

したがって、三番目の**「突然のことで…」**だけが適切といえます。

また、葬儀の際にも忌《い》み言葉があり、**「重ね重ね」「度々」**など繰り返しの言葉は使ってはいけません。

「くれぐれもお力落としのないように」

などと言ってしまわないよう、十分に注意しましょう。

第四章　手紙やメールの敬語でわかる品格

時候の挨拶を入れると手紙の品格が高まる

電話で声を聞くのも嬉しいのですが、一文字一文字心を込めて書かれた手紙をもらうと格別なものがありますね。電子メールとは異なり、その人の個性を感じる文字を目にすると、話したことや姿などがありありと目に浮かぶものです。携帯電話やパソコンにたまったメールは簡単に捨てられても、手紙が捨てられないのは、そういった思いがあるからでしょう。

しかし、目上の人に出すようなあらたまった手紙には書き方の決まりがあるため、つい書くのが億劫になりがちです。頭語と結語は無難に「拝啓と敬具」を使ったとしても、時候の挨拶を「どうやって書いていいのかわからない」という人も案外多いようですね。

俳句に季節ごとの季語があるように、手紙にも四季折々の季節感を生かした挨拶があります。これが時候の挨拶です。四季の巡り来る日本ならではの文化で、季節に応じた言葉を添えるだけで、書く人の知性や品格までがうかがわれるようです。そのために書くのが難しく感じられるのかもしれませんが、町を歩いていて「あ、春だな」と感じたことや、「い

覚えておくと便利な季語

春…啓蟄、萌芽、陽春、桜花

夏…盛夏、大暑、残暑、納涼

秋…初秋、野分、長雨、紅葉

冬…小春日和、師走、初雪

よいよ夏らしくなってきたな」のように、感じたそのままを文字にするだけでいいのです。たとえば、**「庭の梅がやっと咲きました」**や、**「窓から大きな入道雲が見えます」**でもいいのです。

しかし、どうしても書くのが苦手なら、いくつかの季語を覚えておくと便利です。では、次の時候の挨拶はどの季節を表しているのでしょう。

「麦秋の日々、いかがお過ごしですか」

「長雨の季節、つい家の中にこもりがちです」

「久しぶりの小春日和。心がはずんで筆をとりました」

「麦秋」の秋という文字から季節は秋と思いがちですが、これは麦が熟す初夏のことをさしています。つぎの「長雨」は、長く降る雨から「梅雨」を連想する人も多いかもしれませんが、これは秋の長雨のことです。そして、「小春日和」では、ぽかぽかと暖かい春を連想させますが、これは、11月の挨拶で、寒さがつのる頃に訪れる春のような陽気の一日を表した言葉なのです。つまり季節は冬です。

ちょっとひねりを聞かせた季語をご紹介しましたが、**ストレートに季節を表す言葉に「候」をプラスして「梅香の候」「新緑の候」「残暑の候」「厳寒の候」などでも十分です。**

年賀状で「一月一日　元旦」はおかしい

お正月に届く年賀状は、まさに新年の喜びです。しかし、毎年習慣のように出し続けていても、実は勘違いをしていることやうっかり見落としていることがあるかもしれません。そこで、次の中から、目上の方に送る年賀状に書いてはいけない賀詞を選んでください。

「謹賀新年」
「賀正」
「明けましておめでとうございます」

まず、賀詞の意味を考えてみましょう。「賀詞」とはお祝いの言葉という意味で、年賀状では新年のご挨拶の部分に当たります。「謹賀新年」や「恭賀新年」といった四文字の賀詞は「つつしんで新年をお祝い申し上げます」とか「うやうやしく新年をお祝い申し上げます」といった意味ですが、「賀正」は単に「正月を祝う」という意味になります。目上の人と対面したとき「つつしんで新年のお祝いを申し上げます」「明けましておめでとうございます」という挨拶はしても、「正月を祝う」とは言いませんね。そこで、三つの中で使ってはいけない賀詞は**「賀正」**になります。

そのほかにも「迎春（新年を迎える）」「初春（新年）」といった二文字の賀詞や、「寿（めでたい）」「福（しあわせ）」といった一文字の賀詞も目上の人には失礼になります。これらの賀詞は親しい間柄の友人にとどめておきましょう。

また、「賀詞を二つ書く」という間違いもあります。たとえば、

「謹賀新年　明けましておめでとうございます」

「迎春　新年あけましておめでとう」

などは、一文に賀詞がふたつ入っていることになり正しくありません。また、

「一月一日　元旦」

と書く人がいますが、元旦は一月一日の朝を指す言葉なので、重ねて書く必要はありません。また、年賀状を出すのが遅れてしまい、一月一日に着かないとわかっている場合は、「元旦」の文字は入れません。そして、どんなに遅くても一月七日（松の内）までに到着するように投函しましょう。

ビジネスレターの誤変換は敬語ミスより恥ずかしい

ビジネスレターはほとんどの場合、ワープロソフトを使って作成されますね。ワープロなら清書の必要はありませんし、漢字なども辞書で調べなくてもわかるので大変便利です。しかし、ワープロを使って文書を作成するときは、よく見直しをしなくてはなりません。なぜなら誤変換という落とし穴があるからなのです。

定形句を入力すればほとんどの場合はきちんとした変換がなされますが、文節の区切り方によっては、とんでもない漢字に変換されることもあります。

たとえば「委託内容」と入力したつもりが「痛くないよう」になっていたり、「渋滞」が「重態」、「その旨」が「その胸」などになっている場合もあるのです。機械を過信するととんだ恥をかくことになるので、十分に注意しましょう。

さて、ビジネスレターには、一般の手紙と違って、時候の挨拶に続いて、お世話になっていることに感謝する挨拶文が入ります。これでなければいけないという決まりはありませんが、一般的には、

「日頃は格別のご広義を賜り、心から御礼を申し上げます」
「平素は格別のお引き立てを賜り、熱く御礼申し上げます」
「平素は格別のご高配を賜り、厚く御礼申し上げます」

など格別の、かしこまった挨拶文が入ります。

さて、この三つの挨拶文の中で誤変換が二箇所あります。どこかわかりますか。

一つ目は「日頃は格別のご広義に…」の「広義」の部分。本来なら、親しいおつき合いを意味する「厚誼」の文字が入るべきです。

もう一箇所は二番目の文の「熱く御礼申し上げます」の「熱く」の部分。本来なら、「厚情」を意味する「厚く」が入らなくてはいけません。

この「お世話になっていることに感謝する挨拶文」については、親しい担当者への手紙なら、多少やわらかな表現で、

「いつもお世話になり、ありがとうございます」

のように書いても失礼にはなりません。シンプルな言葉が、判で押したような定形句より、かえって相手の心に響くかもしれません。

資料を送るときに「拝読いただきますよう」を添えると失礼

ファックス、メール、郵送など通信手段はさまざまですが、資料などの書類を送る際には必ず「送り状」を添付するのがマナーです。これは「本来なら直接お渡しするべきなのですが、○○で失礼致します」という気持ちが込められていると同時に、何を送ったかを箇条書きにすることで、送り状と送られてきたものを突き合せて間違いがないか確認できるからです。

とくにFAXの場合は、送り状が添付されていないと、他の人宛に届いた書類と一緒になってしまう危険があります。しかし、送り状に「枚数・5ページ」と記されていれば、「全部で5ページあるんだな」とわかりますね。

送り状は形式的な文書ですから、読みやすいレイアウトで、必要な情報だけを書き込みます。「次回の打ち合わせの日程をお知らせください」とか「○○については変更してあります」のような情報を書き込んではいけません。

さて、この送り状に「ぜひ読んでください」という意味の一言を添えることがあります

が、その時に、

「なにとぞご拝読いただきますようお願い申し上げます」

と書く人がいます。丁寧に見えるこの一文ですが、その意味を考えてみるととても失礼な内容になるのです。

「拝読」とは「読むこと」をへりくだっていう語で、平たくいうと「ありがたく読ませていただく」という意味になります。ですから「ご拝読ください」の意味は、「謹んでありがたく私の書いたものを読みなさい」と言っているのと同じ。これは大変な間違い敬語ですね。しかし、「ご拝読くださりありがとうございました」のように使う人が意外に多いので、注意が必要です。正しくは**「ご一読ください」**や**「ご覧頂きますようお願い申し上げます」**となります。

また「拝読」の誤用は他にもあります。たとえば「昨日の夕刊を読んだ?」と聞かれ、「はい、拝読しました」などのように答えるのは間違いです。なぜなら、拝読は相手の書いたものにしか使えない言葉だからです。

ナンダト
なにとぞご拝読
いただきますよう
お願い申し上げます

「拝読」は間違いやすい敬語

CHECK
POINT!

× 「ご拝読ください」

⇓

○ 「ご一読ください」

○ 「ご覧頂きますようお願い申し上げます」

お礼状で「ありがとうございます」を伝えるにはどう書けばいい？

お中元、お歳暮などの贈り物や、誕生祝い、入学祝い、結婚祝いなどのプレゼントが届いた時は、すぐに電話をして、

「本日贈り物が届きました。どうもありがとうございます」

と連絡をするのが基本です。

なぜなら、贈る側としては、「無事に着いただろうか」「品物が壊れたりしていないだろうか」と心配しているかもしれないので、「確かに受けとりました」と報告をして、安心してもらわなければいけません。

しかし、電話で連絡しただけでは、十分に感謝を伝え切れないので、できれば「お礼状」を送って、きちんと「ありがとう」の心を届けましょう。

では、お礼状を差し上げる際は、どのような文面がいいのでしょうか。

「過分なお品物を頂戴しまして、身に余る幸せでございます」

大変礼儀正しい文章ですが、あまり堅苦しすぎる表現では、気持ちが伝わりにくいもの。相手に敬意を表しながらも、もう少し素直な感想を盛り込みたいですね。

「せっかくいただいた日本酒ですが、糖尿病が心配な主人にはおあずけです」

これはあまりに正直すぎる感想です。こんなふうに書かれたら「ご主人のご病気のことを知らずに大変失礼なことをした」と恐縮してしまうか、「なんて礼儀知らずな人なんだろう」と思われてしまいます。贈ってくれた人の気持ちをふみにじるような表現は避けるべきでしょう。せめて、

「貴重な銘酒ですので、ゆっくりと時間をかけて頂戴いたします」

というように書きましょう。

「本日届いたサクランボは、家族揃って最後のひと粒まで夢中でいただきました。こうして筆をとっていても、部屋には新鮮なサクランボの香りが残っています」

この書き方は変に格式ばらず、かといって相手への敬意を忘れず、贈り物を頂いて嬉しい気持ちが文面からあふれています。

贈り物を頂いた際のお礼状のポイントは、贈り主が「贈ってよかった」と思うことです。気持ちが素直に表れるような手紙にしたいですね。

詫び状は反省文のつもりで書く

どんなビジネスでも、トラブルを完全に回避するのは、不可能なことです。

もちろん、できる限りトラブルがないよう努力するのは当然ですが、いざ問題が起こってしまった場合は、いかに迅速に的確に対応するかがポイントになります。

たとえば、間違った商品を納品してしまった場合や、在庫不足で納品が間に合わなかったとき、お客様に失礼な接客をしてお怒りをかった場合など、さまざまなケースがあるでしょうが、まずは相手に直接会うか電話を通してこちらの非を詫び、その後に詫び状を送ります。

さて、お客様から「お宅の店の従業員の言葉遣いがなっておらず、大変不快な思いをした」というクレームをつけられた場合、それに応える詫び状はどのように書けばいいでしょうか。

「このたびは当社従業員が○○様に不適切な対応で不快な思いをさせたそうで、大変申し訳ございませんでした」

この詫び状で感心しないのは「不快な思いをさせたそうで」という部分です。これでは、まるで他人事のようですね。クレームに対しては会社全体として反省する姿勢が大切ですから、監督責任についても言及するべきです。

このような場合の詫び状では、

「急啓　このたびは当社従業員がたいへん失礼な対応をいたしました。誠に申し訳なく存じ、監督不行き届きを心よりお詫び申し上げます」

「このたびは当店販売員の接客応対につきまして、まさに弁解の余地なく、○○様に多大なご迷惑をおかけしましたことを、深くお詫び申し上げます」

というように、深い謝罪と反省を書くことが大切なのです。

そして、これらの言葉に**「二度と同じ間違いを繰り返さない」**という一文を入れるのも重要なポイントです。

「とりあえず謝っておこう」という態度は文面に表れます。自らの反省文を書くように真摯な気持ちで取り組まなければいけません。

頭と末尾は決まりのセットでまとめてルール通りに書く

日本の手紙には、「頭語と結語」といった決まり文句があります。格式張っていて面倒に思う人もいるかもしれませんが、それらのルールを守ることで手紙の体裁が整うという便利な一面もあるのです。

頭語は手紙の一番最初にくる言葉で「こんにちは」を表し、結語とは手紙の末文にくる言葉で、「さようなら」を意味する語です。両方合わせてひとつの挨拶になりますが、この組み合わせには決まりごとがあります。自分勝手に組み替えられないので、しっかり覚えておきましょう。さて、次の頭語と結語のセットは正しいでしょうか。

「拝啓と敬白」

「拝啓」は一般的な手紙によくみられるもので「つつしんで申し上げます」という意味の頭語です。「拝啓」が頭にくると結語は「敬具」しかないと思われがちですが、「敬白」は、「つつしんで申し上げました」という意味ですから、両方のバランスがとれています。

「謹啓　草々」

手紙の「頭語と結語」

一般的な手紙…「拝啓」→「敬具」

丁寧な手紙……「謹啓」→「敬白」

返信するとき …「拝復」→「敬具」

急ぎのとき……「前略」→「草々」

「謹啓」ですが、これは「拝啓」と同様に「つつしんで申し上げます」という意味ですが、「拝啓」に比べると敬意が高い表現です。対する「草々」は、「あわただしい」や「簡略」「お粗末である」という意味。改まった挨拶で書き始めたのに、最後はあわただしくお粗末で申し訳ないという締めくくりの挨拶ではバランスが悪いですね。そこで、この頭語と結語のセットは間違いです。

「前略　不一」

「前略」は時候の挨拶などを省略する意味で使う頭語で、目上の方への手紙には用いるべきではありません。対する「不一」は「気持ちを十分に書きつくしていない」という意味の結語ですので、頭語と結語のバランスがとれています。

頭語と結語には他にもさまざまな種類がありますが、**一般的な手紙に「拝啓と敬具」、丁寧な手紙に「謹啓と敬白」、返信するときに「拝復と敬具」、急ぎのときに「前略と草々」と覚えておけば大丈夫です。**まれに「**前略　貴社益々ご清栄のこととお慶び申し上げます**」などという書き出しを目にすることがありますが、**前略は儀礼的な挨拶を省略するための頭語ですから、後の文を書く必要はありません。**

手紙の結びの言葉は？

改まった手紙では結びの挨拶を書き添えます。ビジネス文書の場合は、

「今後ともご愛顧の程よろしくお願い申し上げます」

「今後ともご指導ご鞭撻の程よろしくお願い申し上げます」

などがそれにあたります。

結びの挨拶の中には、今後の活躍を願うもの、用件をとりまとめたもの、先方の関係者や身内によろしくと伝えるものなどがありますが、ビジネス用、プライベート用など用途に合った挨拶で手紙のエンディングを飾りたいものですね。

さて、取引先の担当者に出すビジネスレターに書き添える結び文で、相手の体を気遣う内容を入れるとしたら、どんなものがいいでしょうか。

「酷暑の季節柄、何卒お身体を大切になさってくださいませ」

「猛暑に体調も乱れがちですが、くれぐれもご自愛くださいませ」

などは、相手の健康を気遣う言葉がきちんとした敬語を用いて書かれており、ビジネス

レターの結び文としては大変いいでしょう。一般の会話ではあまり使われない「自愛」という言葉は、自分自身を大切になさってくださいという気持ちが込められている美しい日本語です。「自愛」を使った言い方には、

「ご自愛くださいますようお祈り申し上げております」

「ご自愛のほど念じ上げます」

「ご自愛専一のほど、お祈り申し上げます」

などもあります。覚えておくと便利ですね。

では、「熱帯夜ばかりで嫌になりますが、お互い頑張りましょうね！」といった結びの挨拶はどうでしょう。

確かに相手の健康を気遣ってはいますが、砕けすぎているため、友人に出す手紙ならいざ知らず、ビジネスレターには適さないでしょう。

敬語には相手と適度な距離を保つという働きがあるため、きちんとした敬語を使うことで、相手との間に一線を設けることができます。この一線こそが、ビジネスにおける大切なスタンスなので、あくまで「ビジネスレターである」ということを念頭に置いて書かなければなりません。

メールを読んでもらえたか確認したいなら

手紙よりも早く届くEメールの活用は、仕事でもプライベートでも今や常識になっています。ビジネスレターもEメールで送られることが多く、若い世代の人にとっては手紙よりむしろメールの方がなじみ深いかもしれませんね。

ところが、手紙と同様で、メールも相手が開封したかどうかがわからないため、急ぎのビジネスメールを送った場合など、「ちゃんと読んでくれただろうか？」と心配になることがあります。こうした場合、送信側のとるべき対応は、次のうちどれでしょう。

①「恐れ入りますが、ご一読いただけたかどうかのみでけっこうですので、お知らせくださるように、お願い申し上げます」とメールに書き入れておき、1日以内に返事がない場合は電話を入れる

②メールで開封確認メッセージを要求するように設定しておく

③「ご査収の上、お返事を賜りますよう、お願い致します」と書き添えて、返事がない場合は念のため何度か同じメールを送信する

メールには二番目のように、受信相手がメールを開封したかどうかを確認できる機能がついています。しかし、開封しただけで読んでいないということも考えられますし、「開封確認を拒否する」機能もあるので、確実とはいえないでしょう。また、開封確認を要求するやり方になじまない人もいますから、二番目の方法はあまり好ましいとはいいがたいです。

また、三番目の「お返事を賜りますよう、お願い致します」という表現自体はいいのですが、何度も同じメールを送信するのはNG。これでは相手にプレッシャーをかけるようですし、メールを開くたびに同じメールが出てきたのではうんざりです。

したがって、一番適切な手段は一番目。早急に読んでほしいメールの場合は、**「ご一読いただいた旨だけお知らせください」**とお願いした上で、返事がない時は、**「恐れ入りますが、お送りしたメールはお読みいただけましたでしょうか?」**と直接聞いてみます。

その際、もし読んでいれば感謝を述べ、そうでない場合なら、「お手数ですが、ご一読くださるようお願いいたします」とお願いすればいいでしょう。

絵文字や顔文字はビジネスメールでは敬語以前のタブー

携帯電話やパソコンのEメールで絵文字や顔文字を使う人は多いでしょう。

もちろんプライベートでは、どんな文字や表現を使っても人に迷惑をかけなければ問題ないのですが、ビジネスメールの世界では、絵文字や顔文字、記号などを使うのは禁物です。

たとえ社内の連絡でも、

「よろしくお願いします。(^_^)」

などと書いてあったら、「遊びじゃないんだぞ！」と、叱られても仕方ありません。一歩会社に足を踏み入れたら、「メールに絵文字や顔文字は使わない」と決めた方が無難です。


限られたスペースの中で情報を伝え合うEメールには、決まったパターンがあります。
○宛名　○自分の名前　○簡単な挨拶　○用件（本文）　○結びの挨拶　○署名というルールに従って内容を組み立てれば、難しいものではありません。

では、読みやすいEメールを書くために気をつけたいポイントで、間違っているのは次のどれでしょう。

「用件は本文の中で読みやすいように段落に分け、1ブロックは7行以内にする」
「文字がびっしり続くと読みにくいので、段落ごとに1行スペースを空ける」
「文章はまとめた方が省スペースになるので、1行に60文字程度は入れる」

メールに限らず、ビジネス文書は簡潔に書き上げるのが基本。一番目のように**全体を段落分けするのは、見やすくて良いでしょう。**

また、二番目のように**段落ごとにスペースを空ければ、さらにシンプルで読みやすくなります。**

しかし、三番目のように**1行に60文字もの文字数を入れてしまっては、だらだらとした印象でかえって内容がわかりにくくなってしまいます。**間違っているのは三番目となります。また、メールの件名はひと目で見て内容がわかるように、

「至急便…緊急会議開催のお知らせ。08/06/23…2:00PM ～営業部」
「7月12日営業2課定例会議用資料」

と、明確なタイトルにすることも大事です。

案内状で気をつけなければいけない表現は？

会社では従業員同士の親睦を深めるために、ボーリング大会や飲み会などが開かれることがあります。幹事を引き受けた人は、会場をセッティングすると同時に「案内状」を作らなくてはいけません。「案内状なんて場所と時間さえわかればそれで十分」と気安く考える人もいるのですが、社内で配られるものは誰の目に留まるかわかりません。間違い敬語を使って恥をかかないよう注意しましょう。

さて、次の文はある親睦会の案内状の一部を抜粋したものです。この中で間違い敬語がないかチェックしてみましょう。

「営業部の皆さま各位」

複数の人に手紙を出すときに使われる「各位」という言葉ですが、「二人以上の人を対象にし、それぞれの人たちに敬意を表す言葉」または「みなさまがた」という意味をもっています。**「父兄各位」「関係者各位」**のような形で使われているのを見たことのある人も多いはずです。

しかしこの例文では「営業部の皆さま」のあとに「各位」がつけられています。これでは**「営業部の皆さま皆さま方」**になってしまうので間違いです。

「ボーリング大会に参加なさる方は、靴下をご持参ください」

これも案内状ではよく見られる表現なのですが、「ご持参ください」は間違いです。なぜなら、「持参する」は「持って参ります」という謙譲語なので、自分が持っていく場合に「当日、履歴書を持参します」のように使うことはできますが、他人の行為には使いません。

この場合なら、

「お持ちくださいますようお願いいたします」

のように書くのが正解です。

案内状の書き方にこれといった決まりはありませんが、最低限入れなくてはならない情報があります。まず、**会や催しの目的（親睦を深めるためなど）**、**内容（ボーリング大会、納涼会など）**、**主催者（幹事の氏名など）**、**日時**、**場所**、**費用**、**連絡先**などです。また、案内状には**地図**がついているとわかりやすいでしょう。さらに**会場の電話番号**を記せば、連絡がとりやすくて便利です。

ボーリング大会
参加なさる方は
靴下をご持参ください

案内状でよく見られる間違い

CHECK POINT!

×「営業部の皆さま各位」

×「靴下をご持参ください」

⇓

○「営業部各位」

○「靴下をお持ちください」

喪中欠礼に「拝啓」や「敬具」は不要

家族や身内に不幸があった場合に出すのが、喪中欠礼のお知らせです。喪中欠礼とは、一年以内に近親者に不幸があった場合、次の年の新年の挨拶を辞退することを伝えるための挨拶状です。普通は封書ではなくハガキを使います。喪中にあたる近親者とは、一般に、自分からみての一親等（父母、子、配偶者）と同居している二親等（祖父母、兄弟姉妹、孫）です。

喪中欠礼は儀礼的な文書なので、いくつかの決まりごとがあります。では、次の中で喪中欠礼を出す上で間違った事柄はどれでしょう。

「喪中欠礼を出す時期は、年賀状の準備が始まる時期よりも前の11月下旬～12月中旬頃がいい」

「喪中欠礼を出す相手は、いつも年賀状のやりとりをしている相手が中心で、身内にも出すのが一般的」

「改まった相手への喪中欠礼には、『。』『、』などの句読点は使用してはいけない」

喪中欠礼を出す時期については、年賀状の準備が始まるよりも前と決まっています。

ただし、年末に不幸があって、喪中ハガキが間に合わない場合などは、松の内が明けてから寒中見舞いという形で挨拶状を出せばいいでしょう。

三番目の文中に句読点を入れないというのも、慣例的に行われていることで、厳粛で儀礼的な意味のある、あらたまった文章の場合は、句読点をはずして書かれることが多いのです。

したがって間違いは二番目の「身内にも出す」というところ。**喪中欠礼を身内や親族に出す必要はありません。**

また、喪中欠礼を書く時の注意点として、普通はおめでたいとされる「賀」や「祝」「福」などの言葉を避けるようにします。

たとえば、「年賀」は「年始」に直します。さらに、「拝啓」などの頭語や、「敬具」などの結語も不要です。

親しい友人などに喪中欠礼を出す場合、近況報告などを付け加えたくなるものですが、喪中欠礼はあくまでも形式通りに書くものなので、余計な記述をしてはいけません。

「取り急ぎ」「略儀ながら」を使うと品格がアップする

手紙で使われる表現の中には、普段の話し言葉でもなく、書き言葉でもなく、手紙だけに通用する独特な言い回しがあります。これは手紙だけで用いられる特別な表現で、主に結びの挨拶で見られますが、手馴れた手紙を書きこなすにはぜひ覚えておきたいものです。

たとえば、お礼状を書いたとき、結びの挨拶で書く決まり文句には、

「まずは書中にて御礼申し上げます」

「取り急ぎ書中にて御礼申し上げます」

「略儀ながら書中をもちまして御礼申し上げます」

などがあります。

この言葉が添えられることによって、手紙を書く人の品格がぐんとアップするので、ぜひ覚えておきたいですね。

また、用件をまとめる言葉としては、

「取り急ぎ右ご連絡まで」

「右、書中をもってご挨拶申し上げます」

「本日は用件のみにて失礼致します」

などが用いられます。これらは「本来ならばお会いして申し上げるところを、手紙で失礼します」といった奥ゆかしい敬意が込められているのです。

ただし、「まずは用件のみ」や「まずは右まで」といった締めくくりの文は、同等または年下の人にしか使うことができないので覚えておきましょう。

そして、相手に返事を求める場合には、

「お手数をおかけして恐縮ですが、ご返信を賜りますようお願い申し上げます」

「大変恐縮ですが、折り返し御内意をたまわりたく、お願い申し上げます」

「なお、お手を煩わせて恐縮ですが、折り返しご返事のほどお願い申し上げます」

というような書き方が一般的です。

話し言葉、メール、手紙を比べてみると、最も格式ばった言葉遣いを求められるのが手紙かもしれません。しかし、手紙の中には時代の波に呑まれて消えかけている美しい日本語の文化が残されているのです。

●監修者紹介

本郷陽二（ほんごう・ようじ）

1947年東京生まれ。早稲田大学文学部卒。総合出版社勤務を経て、ビジネスや発想、歴史関係の書籍の著作で活躍。執筆に関わったものに『頭がいい人の敬語の使い方』『あなたは日本語話せますか』『正しい日本語で読み書きしていますか』『間違いのない日本語』『漢字クイズ100』『大人の新常識520』『大人のマナー513』『社会人のマナー』などがある。

絶対！恥をかかない敬語の使い方

平成20年9月30日　第1刷発行

監修者
本郷陽二

発行者
西沢宗治

DTP
株式会社公栄社

印刷所
誠宏印刷株式会社

製本所
株式会社越後堂製本

発行所
株式会社日本文芸社
〒101-8407 東京都千代田区神田神保町1-7
TEL.03-3294-8931［営業］、03-3294-8920［編集］
振替口座　00180-1-73081

＊

※乱丁・落丁などの不良品がありましたら、小社製作部宛にお送りください。
送料小社負担にておとりかえいたします。

Printed in Japan ISBN978-4-537-25622-2
112080920-112080920Ⓝ01
編集担当・星川
URL http://www.nihonbungeisha.co.jp